第12版

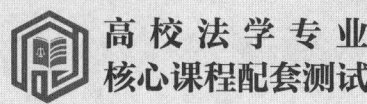

劳动与社会保障法配套测试

试题

教学辅导中心 / 组编 编委会主任 / 周圆

中国法治出版社
CHINA LEGAL PUBLISHING HOUSE

出版说明

"高校法学专业核心课程配套测试"丛书由我社教学辅导中心精心组编，专为学生课堂同步学习、准备法学考试，教师丰富课件素材、提升备课效率而设计。自2005年首次出版以来，丛书始终秉持"以题促学、以考促研"的编写理念，凭借其考点全面、题量充足、解析详尽、应试性强等特点，成为法学教辅领域的口碑品牌，深受广大师生信赖。

本丛书具有以下特色：

1. **适配核心课程，精设十六分册**。丛书参照普通高等学校法学专业必修课主要课程，设置十六个分册，涵盖基础理论、实体法、程序法及国际法等核心领域，旨在帮助学生构建系统的法学知识框架，筑牢理论根基，掌握法律思维。

2. **专业团队编审，严控内容品质**。由北京大学、中国人民大学、中国政法大学、北京航空航天大学、中国社会科学院、西南政法大学、西北政法大学、南开大学、北京理工大学等法学知名院校教师领衔编委会，全程把控试题筛选、答案审定及知识体系优化，确保内容兼具理论深度及实践价值。

3. **科学编排体系，助力知识巩固**。每章开篇设置"基础知识图解"板块，以思维导图形式梳理核心概念与法律关系，帮助学生快速构建知识框架。习题聚焦法学考试高频考点，覆盖单项选择题、多项选择题、不定项选择题、名词解释、简答题、论述题、案例分析题等常见题型，满足课堂练习、期末备考、法考训练、考研复习等需求。答案标注法条依据，详解解题思路。设置综合测试题板块，方便学生自我检测、巩固知识。

4. **紧跟法治动态，及时更新内容**。丛书依据新近立法动态进行修订，注重融入学科前沿成果，同时，贴合国家统一法律职业资格考试重点，强化实务导向题型训练，切实提升学生应试能力。

5. **贴心双册设计，提升阅读体验**。试题与解析分册编排，方便学生专注刷题，随时查阅答案，大幅提升学习效率。

6. **拓展功能模块，丰富学习资源**。附录部分收录与对应课程紧密相关的核心法律文件目录，帮助学生建立法律规范知识体系；另附参考文献及推荐书目，既明确了答案参考，亦为学生提供拓展阅读指引。

7. 附赠思维导图，扫码即可获取。购买本书，扫描封底二维码可下载课程配套思维导图，便于学生随时查阅、灵活使用，为学习提供更多便利与支持。

尽管本丛书已历经学生试用、教师审阅、编辑加工校对等多个环节，但难免存在疏漏和值得商榷之处。法学的魅力恰在于永恒的思辨。若您在研习过程中有任何问题或建议，欢迎发送邮件至 hepengjuan@zgfzs.com，与编委会共同交流探讨。我们将持续关注法学学习需求，以更开放的姿态完善知识体系，与广大师生共同推动本丛书内容的迭代优化。

"法律的生命不在逻辑，而在经验。"——愿我们在求索路上互为灯塔。

教学辅导中心
2025 年 8 月

《劳动与社会保障法配套测试》导言

党的二十届三中全会审议通过的《中共中央关于进一步全面深化改革、推进中国式现代化的决定》在"健全保障和改善民生制度体系"方面，提出要"完善收入分配制度""完善就业优先政策""健全社会保障体系""深化医药卫生体制改革""健全人口发展支持和服务体系"。近年来，作为民生制度支柱性保障的劳动法与社会保障法，日益受到社会生活各方面的重视。可以说，劳动与社会保障是人民最关心、最直接、最现实的重要利益问题，而劳动法与社会保障法是不断满足人民对美好生活向往的重要支持。以下从学习指引、学科动态、本书使用建议三个方面作简要说明。

一、学习指引

劳动法与社会保障法学可以从三个维度进行学习。第一，学习法律规范文本。一般来说，劳动法涵盖劳动就业、劳动基准、劳动关系、劳动权益救济四大部门法，主要包括《劳动法》《就业促进法》《安全生产法》《职业病防治法》《劳动合同法》《工会法》《劳动争议调解仲裁法》等。社会保障法涵盖社会保险、社会救助、社会福利、社会优抚等部门法，主要包括《社会保险法》《慈善法》等。第二，学习经典案例。劳动法与社会保障法是实践性很强的法律部门。劳动争议、人事争议、社会保险争议的案件量在法律争议中比重较大。因此，经典案例学习，既可培养处理案件的能力，又可加深理论知识的理解，相辅相成，学有所得，学有所用。第三，学习社会法的方法论。劳动法与社会保障法之所以被教育部合并作为一门专业必修课程，核心纽带在于两法同属于中国特色社会主义法律体系中七大部门法之一的社会法。社会法，是指规范劳动关系、社会保障、特殊群体权益保障、社会组织等方面的法律规范的总和。[1] 在学界，社会法的界定包含广义法域说、中义法律部门群体说和狭义社会保障法说。因此，应有意识地探索和学习社会法的基础理论，以此为方法论来指导学习，互通有无，浑然一体。

二、学科动态

近年来，劳动法与社会保障法领域备受关注。在政策方面，2024年9月13日《全国人民代表大会常务委员会关于实施渐进式延迟法定退休年龄的决定》、

---

[1] 《社会法包括哪些法律》，载中国人大网，http://www.npc.gov.cn/c2/c30834/202011/t20201130_309000.html，2025年8月15日访问。

2024年9月15日《中共中央 国务院关于实施就业优先战略促进高质量充分就业的意见》、2025年7月28日中共中央办公厅、国务院办公厅印发《育儿补贴制度实施方案》等均产生较大社会影响。在立法方面，十四届全国人大常委会立法规划中，基本劳动标准和新就业形态、劳动法法典化的项目正在继续论证；《社会救助法》的起草、《社会保险法》的修改正在提请审议；《产业工人队伍建设法》《医疗保障法》《托育服务法》《养老服务法》等起草正在抓紧推进。在司法方面，将于2025年9月1日正式实施的《最高人民法院关于审理劳动争议案件适用法律问题的解释（二）》在多个用工主体责任承担、外国企业与外国人的劳动争议资格、未订立书面劳动合同的法律责任、服务期、涉及商业秘密与知识产权的在职离职竞业限制、劳动合同继续履行、缴纳社保强制性及法律责任、劳动争议时效抗辩等规则适用方面，系统性总结归纳较为成熟的司法裁判做法，为各方理解适用。在学界方面，近年来逐步秉持"社会问题立法引领社会法学研究，社会法学研究支持社会问题立法"的主线，保持学术研究脉络的同时积极顺应中国式现代化目标下的社会问题立法需要，发现中国议题，提出中国方案。

三、本书使用建议

本次编写在第十一版的基础上，进行了较大篇幅的修订，主要体现在：依据劳动与社会保障法学经典教材的通说，保留并专业性修订了重点知识讲解部分，对配套测试题目和解析进行了专业性的删除、修改和补充，并增加了基础知识图解；结合新法和新的法律实践现状，删除、修改、补充部分题目与解析；专业性地修订了参考文献和推荐书目。

本书建议分三阶段使用：初期对照本书基础知识图解与重点知识讲解考查掌握情况；中期练习配套测试题目，对照答案解析考察应用情况；后期如有进一步学习、深造及工作需要，结合本书末尾的参考文献和推荐书目进行体系化、理论化的分领域拓展学习。

劳动法与社会保障法是所有法律部门里较为年轻的学科，知识体系、基础理论、制度规范仍在不断地探索完善中，课程设置、教材专著、专业人才培养等方面相较其他法律部门仍有较大差距，但劳动法与社会保障法领域的现实需求巨大，劳动法与社会保障法的专业人才队伍亟待扩充。本书编委会以专业的态度倾心编纂，愿本书能够成为读者在劳动法与社会保障法方面兴趣的敲门砖、学习的垫脚石、工作的助推器，愿未来中国的劳动法与社会保障法乃至社会法学科和人才队伍能够不断发展壮大，愿社会法领域越来越能成为满足人民对美好生活向往的重要支撑。

目 录

基础理论篇

第一章 劳动法概述 1
　　基础知识图解 1
　　重点知识讲解 2
　　配套测试 6
第二章 法律关系 10
　　基础知识图解 10
　　重点知识讲解 10
　　配套测试 12
第三章 劳动法主体 15
　　基础知识图解 15
　　重点知识讲解 15
　　配套测试 17
第四章 法律责任 20
　　基础知识图解 20
　　重点知识讲解 20
　　配套测试 21

劳动关系协调篇

第五章 劳动合同 22
　　基础知识图解 22
　　重点知识讲解 22
　　配套测试 26
第六章 集体合同 45
　　基础知识图解 45
　　重点知识讲解 45
　　配套测试 46
第七章 劳动规章制度 49
　　基础知识图解 49
　　重点知识讲解 49
　　配套测试 49

第八章　职工民主管理 ·· 51
基础知识图解 ·· 51
重点知识讲解 ·· 51
配套测试 ·· 52

劳动基准篇

第九章　工作时间与休息休假 ·································· 53
基础知识图解 ·· 53
重点知识讲解 ·· 53
配套测试 ·· 54

第十章　工资 ··· 57
基础知识图解 ·· 57
重点知识讲解 ·· 57
配套测试 ·· 60

第十一章　劳动保护 ·· 63
基础知识图解 ·· 63
重点知识讲解 ·· 63
配套测试 ·· 64

劳动保障篇

第十二章　劳动就业 ·· 68
基础知识图解 ·· 68
重点知识讲解 ·· 68
配套测试 ·· 69

第十三章　职业培训 ·· 71
基础知识图解 ·· 71
重点知识讲解 ·· 71
配套测试 ·· 73

第十四章　社会保险 ·· 75
基础知识图解 ·· 75
重点知识讲解 ·· 76
配套测试 ·· 77

第十五章　职工福利 ·· 83
基础知识图解 ·· 83
重点知识讲解 ·· 83
配套测试 ·· 84

劳动执法篇

第十六章　劳动争议处理 ·· 86
　　基础知识图解 ·· 86
　　重点知识讲解 ·· 86
　　配套测试 ·· 87

第十七章　劳动监察 ·· 96
　　基础知识图解 ·· 96
　　重点知识讲解 ·· 96
　　配套测试 ·· 97

综合测试题一 ·· 99

综合测试题二 ·· 102

附录一：劳动与社会保障法学习所涉及的主要法律文件 ···································· 104

附录二：参考文献及推荐书目 ·· 105

基础理论篇

第一章 劳动法概述

基础知识图解

- 劳动关系的界定
  - 劳动的概念及特征
    - 职业劳动而非义务劳动
    - 受雇劳动而非自营劳动
    - 从属性劳动而非随意劳动
  - 劳动关系的概念及要素
  - 劳动法调整劳动关系的范围
    - 非公共部门各种组织体雇主即用人单位内的劳动关系
    - 公共部门的劳动合同关系
    - 不直接受劳动法调整的劳动关系
  - 劳动关系与民事雇佣关系（狭义劳务关系）的区别
    - 总说：劳动关系和民事雇佣关系尽管都属于劳动与报酬的交换关系，但其根本区别在于：劳动关系中的劳动是从属性劳动，民事雇佣关系中的劳务属于自治性（或称独立性）劳动
    - 主体方面，主要体现在人格、组织从属性的有无
    - 客体方面，主要体现在经济从属性的有无
    - 权利义务的实现途径不同
    - 风险责任的承担不同

- 劳动法对劳动者的倾斜保护
  - 劳动法对劳动者倾斜保护的原因
    - 在市场经济中劳动关系双方当事人之间，劳动者一般处于事实上的相对弱者地位
    - 在具有人身性和隶属性的劳动关系中，用人单位所支配和使用的劳动力，是劳动者生命力的主要内容，承载着劳动者的生存权
  - 劳动法对劳动者倾斜保护的体现
    - 偏重于规定劳动者的权利和用人单位的义务
    - 劳动法对劳动者利益，以强行性规范规定保障最低标准
    - 劳动法对用人单位单方解除劳动关系实行严格限制
    - 劳动监察对象一般只限于或者主要是用人单位

- 劳动法的基本原则
  - 劳动自由原则
  - 劳动者权益保障原则
  - 劳动协调原则

重点知识讲解

重点知识一：劳动关系的界定

1. 我国劳动法上劳动的概念及特征。劳动，是一个使用范围十分广泛的概念，其含义往往因使用范围不同而有所差异。马克思《资本论》中，在分析劳动过程时，对劳动的一般含义作过精辟的解释，即：劳动是劳动力的使用（消费），"是制造使用价值的有目的的活动"，"是人以自身的活动来引起、调整和控制人和自然之间的物质变换的过程"。据此可认为，一般意义的劳动，是指人们在物质生产和精神生产过程中，通过使用（消费）劳动力，运用劳动资料作用于劳动对象，创造使用价值以满足人们需要的有目的的活动。最简明的表述，劳动即劳动力的使用。它是人类社会存在和发展的最基本条件。

我国当前劳动法中劳动的概念，除了其一般含义外，还有其特定内涵。其中主要包括：

（1）职业劳动。劳动的目的有谋生与非谋生之分。作为谋生手段的劳动，也就是为获取作为其生活主要来源的劳动报酬而相对稳定地在一定劳动（工作）岗位上从事的劳动，即为职业劳动；而不以谋生为目的的劳动，如"义务劳动"，志愿者的劳动，现役军人的军工劳动，家庭成员的家务劳动，均非职业劳动，都不属于当前我国劳动法所指的劳动。

（2）受雇劳动。劳动有受雇劳动与自营劳动之分，我国当前劳动法上的劳动一般只限于受雇劳动。受雇劳动又称他雇劳动，是在雇主的组织、安排、指示下，以雇主的名义从事的劳动。自营劳动又称自雇劳动，即以生产资料所有者或经营者的身份从事的劳动，独立自主性强。例如，个体工商户业主、合伙人、自由职业者、公司法定代表人的劳动，农民在自己的承包地、责任田中从事的劳动，不属于我国当前劳动法上的劳动。

（3）从属性劳动。劳动者在雇主组织的劳动中处于从属地位，受雇主的内部劳动规则的约束，受雇主意志的支配。

此外，我国劳动法中的劳动，一般只限于非农业劳动，而未包括农业劳动。我国目前的农业劳动大多为自雇劳动，但有的地区，他雇农业劳动（如农民受雇去他人的承包地或农场从事农业生产劳动）在不断增多，对于他雇农业劳动，除以往国营农场的农民工人劳动外，还未纳入我国劳动法的调整范围。

2. 我国劳动关系的概念。作为劳动法调整对象的劳动关系，是指劳动力所有者（劳动者）与劳动力使用者（用人单位）之间，为实现劳动过程而发生的一方有偿提供劳动力由另一方用于同其生产资料相结合的社会关系。其下述内涵要点尤其值得重视：

（1）劳动者与雇主（用人单位）的关系。即劳动关系当事人一方固定为劳动力所有者和支出者，称劳动者（或雇员、劳工），另一方固定为生产资料占有者和劳动力使用者，称雇主（或用人单位）。其中，劳动者在劳动过程中及其前后都是劳动力所有者，并且在劳动过程中还是劳动力支出者；雇主以占有生产资料作为其成为劳动力使用者的必要条件。

（2）劳动力与生产资料相结合的关系。劳动力和生产资料是劳动的两大要素。劳动过程的实现须以劳动力与生产资料相结合为前提。

（3）劳动力使用关系。在劳动力与生产资料的结合中，劳动力所有权与使用权发生分离，劳动者将其劳动力使用权转让给雇主，由雇主将劳动力用于同其生产资料相结合。雇主享有劳动力使用权，具体决定和安排劳动力在劳动过程中的使用，劳动者的劳动应当服从雇主的安排、指挥和监督。

（4）劳动组织关系。雇主使用劳动力的过程，表现为雇主将劳动者的劳动力纳入其生产经营系统安排使用的过程。劳动者被雇主安排在生产经营系统中特定岗位（职位）从事劳动，成为雇主的劳动组织成员。因而，劳动者作为劳动组织成员，对雇主有忠实义务，应当遵守雇主的劳动规章制度。

（5）劳动力有偿转让（或称劳动力交易）关系。这里的"有偿"，不限于劳动报酬，而是劳动力再生产的全部条件。即雇主使用劳动者的劳动力，应当以向劳动者提供劳动力再生产的条件为代价。这是因为，劳动者转让的只是劳动力使用权，仍然享有劳动力所有权。在劳动关系中，劳动力所有权以依法能够自由支配劳动力并且获得劳动力再生产的保障为基本标志；雇主在使用劳动力的过程中应当为劳动者提供保障劳动力再生产所需要的时间、物质、技术学习等方面的条件，不得损害劳动力本身及其再生产机制，也不得侵犯劳动者转让劳动力使用权的自由和在劳动力被合法使用之外支配劳动力的自由。

3. 我国劳动法调整劳动关系的范围。我国现行立法有明确规定。《劳动法》第2条规定："在中华人民共和国境内的企业、个体经济组织（以下统称用人单位）和与之形成劳动关系的劳动者，适用本法。国家机关、事业组织、社会团体和与之建立劳动合同关系的劳动者，依照本法执行。"《劳动合同法》第2条规定："中华人民共和国境内的企业、个体经济组织、民办非企业单位等组织（以下称用人单位）与劳动者建立劳动关系，订立、履行、变更、解除或者终止劳动合同，适用本法。国家机关、事业单位、社会团体和与其建立劳动关系的劳动者，订立、履行、变更、解除或者终止劳动合同，依照本法执行。"《劳动合同法》第96条规定："事业单位与实行聘用制的工作人员订立、履行、变更、解除或者终止劳动合同，法律、行政法规或者国务院另有规定的，依照其规定；未作规定的，依照本法有关规定执行。"《劳动合同法实施条例》第3条规定："依法成立的会计师事务所、律师事务所等合伙组织和基金会，属于劳动合同法规定的用人单位。"上述法律规定包括下述要点：

（1）非公共部门各种组织体雇主，即用人单位内的劳动关系都直接受劳动法调整。作为用人单位，《劳动法》第2条第1款仅限定为企业、个体经济组织（即个体工商户），《劳动合同法》第2条第1款和《劳动合同法实施条例》第3条则扩大到企业、个体经济组织（即个体工商户）、民办非企业单位、合伙组织、基金会等组织体。这里的"等组织"，是指所列举用人单位和国家机关、事业单位、社会团体以外的，雇佣劳动者的各种组织，如会计师事务所、律师事务所、基金会、外国法人驻华机构等，但不包括农业集体经济组织、农户和自然人雇主。

（2）公共部门的劳动合同关系也直接受劳动法调整。《劳动合同法》的规定，只限于国家机关、事业单位、社会团体中的工勤人员，以及事业单位中实行聘用制的工作人员（管理人员和专业人员），公务员制度改革中的聘任制文职人员尚未列入《劳动合同法》的适用范围。

（3）不直接受劳动法调整的劳动关系。公共部门的非合同劳动关系、自然人雇主雇佣的劳动者以及农业部门的劳动者，不直接受劳动法调整，而分别主要受相应的公务员法、民法、农业法等调整。

另外，需要特别注意的是"适用本法"与"依照本法执行"的差异。《劳动法》《劳动合同法》的第2条中，都对第1款的劳动关系规定"适用本法"，对第2款的劳动关系规定"依照本法执行"。"适用本法"与"依照本法执行"这两种表述，仅从文字含义看，几乎没有差异；但就法律意义而言，则存在适用程度上的差异，即第1款的劳动关系应当完全适用劳动法；第2款的劳动关系只是在一定程度上适用劳动法。对于"适用本法"与"依照本法执行"的法律差异，《劳动法》未作明确规定，《劳动合同法》在第96条作了明确规定，即"法律、行政法规或者国务院另有规定的，依照其规定；未作规定的，依照本法有关规定执行"。这表明，第2款规定的劳动关系，既受劳动法调整，也受人事管理特别法调整。

4. 我国劳动关系与民事雇佣关系（狭义劳务关系）的区别。在基本概念方面，首先需要界定民事雇佣关系。在我国民法中，劳务关系可作广义和狭义理解。广义劳务关系，即以劳务（或称服务）为客体的有偿合同关系，依合同约定一方向另一方提供劳务并获得劳务报酬；与其对应的是以非劳务给付（如动产、不动产和货币等给付）为客体的有偿合同关系。也就是说，在我国民事有偿合同中，除买卖合同、租赁合同、借贷合同外，都可归入劳务合同关系的范围。它可分为两类：一类是雇佣性劳务关系，即民事雇佣关系；另一类是非雇佣性劳务关系，即狭义劳务关系，包括行纪、居间、保管、运输、承揽、出版、委托、仓储、技术服务、建筑工程承包等合同关系。这两类劳务关系的区别在于：（1）民事雇佣关系以给付劳务为合同目的，即劳务给付方的义务仅限于实施劳务行为；而非雇佣性劳务关系则以给付劳务为实现合同目的的手段，劳务给付方不仅有义务实施劳务行为，而且还有义务确保其劳务行为的成果符合约定要求。（2）在民法中调整民事雇佣关系的法律规范因具有法律社会化的特征而属于特别法；而调整非雇佣性劳务关系的法律规范则不具有这种属性。

其次，比较劳动关系和民事雇佣关系。劳动关系和民事雇佣关系尽管都属于劳动与报酬的交换关系，但其根本区别在于：劳动关系中的劳动是从属性劳动，民事雇佣关系中的劳务属于自治性（或称独立性）劳动。主要区别表现在：

（1）主体方面，主要体现在人格、组织从属性的有无。在劳动关系中，劳动者作为用人单位的劳动组织成员而与用人单位有组织（人格）上的从属关系，劳动关系属于生产要素组织关系，即用人单位组织劳动力与生产资料相结合的关系，劳动者的劳动被用人单位纳入其生产（业务）系统；在劳务关系中，劳务提供方相对于劳务接受方具有经营者身份，而不是其成员，与其无组织（人格）上的从属关系，劳务关系属于产品（劳务）交换关系，劳务行为独立于劳务接受方生产（业务）系统之外。

（2）客体方面，主要体现在经济从属性的有无。劳动关系的客体是作为生产要素的劳动力；劳务关系的客体是作为产品的劳务，即运用劳动力等生产要素所生产的产品（劳务）。

（3）权利义务的实现途径不同。在劳动关系中，劳动者有义务转让劳动力使用权，一般表现为提供劳动的行为，有权获得劳动力再生产条件（如劳动报酬、休息休假、劳动安全卫生等），主要适用劳动法律；在劳务关系中，劳务提供者有义务提供劳务行为的成果或使用价值，有权获得劳务费，主要适用民事法律，部分劳动法律规范存在适用空间。

（4）风险责任的承担不同。在劳动关系中，劳动者是在用人单位的安排和管理下，以用人单位的名义进行劳动的，一般劳动风险主要由用人单位承担；劳务关系是提供劳务的一方以本人的名义从事劳务活动，一般自行安排劳动，也独立承担劳动风险责任。

重点知识二：劳动法对劳动者的倾斜保护

1. 劳动法对劳动者倾斜保护的原因：（1）在市场经济中劳动关系双方当事人之间，劳动者一般处于事实上的相对弱者地位，在劳动力供过于求的情况下更是如此。

（2）在具有人身性和隶属性的劳动关系中，用人单位所支配和使用的劳动力，是劳动者生命力的主要内容，承载着劳动者的生存权。劳动力的消耗过程实质上就是劳动者生命的实现过程，在此过程中，对劳动力的任何损害，都直接危及劳动者生存。

2. 劳动法对劳动者倾斜保护的体现：（1）在劳动法关于劳动关系双方当事人之间权利义务的规定中，偏重于规定劳动者的权利和用人单位的义务。可以说，劳动法对劳动者是权利本位，对用人单位则是义务本位。

（2）劳动法对劳动者利益，以强行性规范规定保障最低标准，使其得到最基本的保护；对用人单位利益，则无这种劳动基准保护性规定。

（3）劳动法对用人单位单方解除劳动关系实行严格限制，不仅规定必备的许可性条件，而且规定具体的禁止性条件和限制性条件；对劳动者单方解除劳动关系，有的国家不规定条件，有的国家则只规定许可性条件而不规定禁止性条件和限制性条件。

（4）在劳动监察制度中，监察对象一般只限于或者主要是用人单位，内容是其行为是否遵守劳动法；至于劳动者遵守劳动法的行为，许多国家并不规定为劳动监察的内容。

重点知识三：劳动法的基本原则

劳动法的基本原则，是指集中体现劳动法的本质和基本精神，主导整个劳动法体系，为劳动法调整劳动领域的社会关系所应遵循的基本准则，是劳动法的核心和灵魂。

1. 劳动法基本原则的功能。（1）在劳动法体系中的凝聚和统帅功能；（2）在劳动立法中的依据和准则功能；（3）在劳动执法中的指导和弥补功能。

2. 劳动法基本原则的要件。（1）具有全面的涵盖性；（2）具有高度的权威性；（3）具有相当强的稳定性；（4）具有一定的抽象性和概括性。

3. 劳动法基本原则的内容。根据基本原则的本质属性和确立标准，我国劳动法的基本原则可以归纳为劳动自由、劳动者权益保障和劳动协调三项。

（1）劳动自由原则。劳动自由原则是指劳动者按照自己意愿决定是否参加社会劳动以及根据社会需要和自己特长、兴趣爱好自由选择职业的权利。禁止任何形式的强迫或强制劳动，保障劳动者不违背自己意愿并屈从于被迫的社会分工或职业，是国际劳工组织分别在 1930 年第 29 号《强迫劳动公约》和 1957 年第 105 号《废除强迫劳动公约》确立的原则，也是马克思揭示的社会化劳动产生的基本条件。

（2）劳动者权益保障原则。劳动者权益保障原则是指对劳动者合法权益的特别保护或者倾斜性保护。保护劳动者合法权益是劳动法的基本目标，也是我国劳动立法的宗旨。《劳动法》第 1 条和《劳动合同法》第 1 条均开宗明义地指出，为了"保护劳动者的合法权益"制定本法，这是我国劳动法立场观点的集中体现。劳动者权益保障原则充分体现了劳动法的基本理念和价值追求，一方面，要求国家在劳动立法中对劳动者权利实行倾斜配置，以实现劳动权利实质平等的价值目标；另一方面，要求在劳动法实施过程中对劳动者合法权益给予特别性保护，即当运用具体法律规范难以作出维护劳动者或用人单位利益判断时，应当倾向于重点保护劳动者权益。

（3）劳动协调原则。劳动协调原则是劳动法调整劳动关系的基本准则。协调，既是一种状态，也是一种调整方法。作为状态，表现为劳动关系双方良好的合作与配合，表现为劳动关系稳定与和谐；作为方法，是指劳动关系双方特有的沟通、协商、谈判的自治机制，是指国家或政府对劳动关系和劳动关系利益失衡的适度干预。

劳动自由、劳动者权益保障、劳动协调三项基本原则，有其内在的逻辑联系。劳动自由原则是劳动法律制度的基础，它不仅直接支撑了劳动合同法律制度，而且也是其他劳动法律规范的基础；劳动者权益保障原则是劳动法的实质和核心，它充分反映了劳动关系特殊的人身属性和劳动关系双方的地位差别，体现了劳动法对劳动者权益保护的制度目标；劳动协调原则是劳动法调整劳动关系的基本方法，它既是以合作、信赖为基础的劳动过程的本质要求，也是构建稳定、和谐劳动关系的有效路径。三项原则作为一个整体，共同服务于劳动法律制度目标和任务。

配套测试

单项选择题

1. 以下说法错误的是（ ）。
A. 劳动法中的劳动不包括家务劳动　　B. 劳动法中的劳动是劳动力的有偿让渡
C. 履行抚养义务的劳动属劳动法中的劳动　　D. 劳动法都是和劳动有关的法律

2. 下列社会关系中，属于劳动法调整的劳动关系是（ ）。
A. 劳动者甲与劳动者乙发生的借款关系
B. 某公司与股东就股利问题而发生的关系
C. 某国家机关招聘公务员所发生的社会关系
D. 某农民工与个体餐馆就工资问题所发生的关系

3. 下列社会关系不属于劳动法调整对象的是（ ）。
A. 作者与出版社之间的关系
B. 某私营企业与职工因培训而发生的关系
C. 某公司与其职工因支付工资问题而发生的关系
D. 劳动争议仲裁机构与劳动者发生的关系

4. 劳动法与社会保障法相交叉的部分主要是（ ）。
A. 社会救济　　B. 社会福利　　C. 住房福利　　D. 社会保险

5. 基本劳动标准制度规定劳动关系当事人不能约定（ ）基本劳动标准的劳动条件。
A. 高于　　　　　　　　　　　　B. 低于
C. 平行于　　　　　　　　　　　D. 两者之间没有关系

6. 《劳动法》的宗旨、目标、功能中，最侧重的是（ ）。
A. 调整劳动关系　　B. 处理劳动争议　　C. 保护劳动者　　D. 劳动管理

7. 下列哪项不是劳动者倾斜保护理论在劳动立法上的体现？（ ）
A. 偏重规定劳动者的权利和用人单位的义务　　B. 规定用人单位解除合同的限制条件
C. 规定基本劳动标准制度　　D. 规定用人单位的用工自主权

8. 从事非全日制工作的劳动者，可以与（ ）用人单位建立劳动关系。
A. 一个　　B. 一个或一个以上　　C. 仅限两个　　D. 以上都不对

多项选择题

1. 劳动法的调整对象是（ ）。
A. 所有与劳动有关系的社会关系　　B. 劳动关系
C. 与劳动关系有密切联系的其他社会关系　　D. 因各种劳动关系而发生的关系

2. 以下说法正确的是（ ）。
A. 劳动关系是在争取与实现劳动权的过程中发生的所有关系
B. 劳动关系是在实现劳动过程中发生的
C. 劳动关系双方是平等的，不具有从属性
D. 劳动关系既具有平等性，也具有隶属性

3. 判断是否属于劳动法所调整的"其他社会关系"的因素有（ ）。
A. 这些关系是劳动关系产生的前提条件

B. 这些关系是劳动关系发展、变化的直接后果
C. 这些关系是劳动关系附带产生的关系
D. 这些关系都与劳动关系有逻辑联系

4. 下列社会关系中，属于劳动法调整对象的是（　　）。
A. 因用人单位管理劳动者而发生的关系
B. 因用人单位为劳动者缴纳社会保险而发生的关系
C. 因组织工会和工会活动而发生的关系
D. 因监督劳动法规的执行而发生的关系

5. 下列劳动合同或劳务合同，哪些属于劳动法的调整范围？（　　）
A. 某私营企业与职工之间的劳动合同
B. 某国家机关与工勤人员之间的劳动合同
C. 某公司董事长与公司之间的聘用合同
D. 甲公司与乙公司之间的劳务合同

6. 下列人员中一般不能直接适用劳动法的是（　　）。
A. 农业农村农民劳动者
B. 家庭保姆
C. 现役军人
D. 事业单位工作人员

7. 下列关于劳动法的表述，正确的是（　　）。
A. 劳动法体现国家对劳动关系的干预，是典型的公法
B. 劳动法主要是劳动就业法、劳动关系协调法、劳动基准法、劳动争议处理法的结合
C. 劳动法既包含实体法，又包含程序法
D. 劳动法主要保护劳动者的合法权益，但同时也保护用人单位的合法权益

8. 目前实践中，我国劳动法的法律渊源包括（　　）。
A. 基层集体合同
B. 企业内部劳动规则
C. 国际法律文件
D. 全国总工会规章

9. 在劳动法的职能体系结构中，属于典型劳动关系协调法的有（　　）。
A. 劳动争议处理制度
B. 劳动合同制度
C. 劳动监察制度
D. 集体合同制度

10. 关于劳动关系的表述，下列哪些选项是正确的？（　　）
A. 劳动关系是特定当事人之间的法律关系
B. 劳动关系既包括劳动者与用人单位之间的关系，也包括劳动行政部门与劳动者、用人单位之间的关系
C. 劳动关系既包括财产关系也包括人身关系
D. 劳动关系既具有平等关系的属性也具有从属关系的属性

不定项选择题

1. 对于劳动法中的劳动，以下说法中正确的有（　　）。
A. 劳动既是一种权利，也是一种义务
B. 工人务工是劳动，个体劳动者的经营也是劳动
C. 劳动是一种有报酬的劳动，而不是义务劳动
D. 劳动不是以劳动者名义从事的劳动

2. 以下各项中，哪些不属于劳动法所称的劳动关系的范畴？（　　）
A. 劳动者甲在单位的劳动过程中与同事乙之间的关系
B. 承揽人与定作人之间的关系
C. 农民在市场上出售自己的劳动产品

D. 个体劳动者与其家庭成员共同劳动的关系

3. 以下哪些社会关系不属于劳动法的调整范围?(　　)
A. 社会救济　　　　B. 集体合同争议　　C. 军人优抚　　　　D. 公共福利

4. 以下社会关系中,属于劳动法调整对象的是(　　)。
A. 某画家将其作品交出版社而形成的出版关系
B. 个体户与其家庭成员共同劳动所形成的共同共有关系
C. 某公司与其职工因员工福利问题而发生的关系
D. 劳动监察大队执法人员查处"黑矿厂"非法用工的关系

5. 对于劳动关系与劳务关系,下列说法错误的是(　　)。
A. 劳动关系主要适用劳动法,劳务关系主要适用民法
B. 劳动关系和劳务关系一般都比较稳定、具有连续性
C. 甲企业某技术人员在业余时间在乙企业兼职,属劳务关系
D. 某工厂锅炉损坏,聘请修理工修理,属劳动关系范畴

6. 以下说法正确的是(　　)。
A. 劳动法是人权保障立法的组成部分　　B. 劳动法对生产力发展具有促进作用
C. 劳动法有利于市场经济的健康发展　　D. 劳动法有助于社会安定,属社会法范畴

名词解释

1. 劳动关系
2. 劳动法
3. 劳动法的基本原则
4. 劳动法体系
5. 劳动基准法

简答题

1. 简述劳动法中劳动的特征。
2. 简述劳动关系的一般特征。
3. 简述个别劳动关系与集体劳动关系的关系。
4. 简述我国劳动法调整劳动关系的范围。
5. 简述劳动法调整的"其他社会关系"的特征、内容及性质。
6. 简述劳动法的基本特征。
7. 简述劳动法对劳动者倾斜保护的原因及其立法体现。
8. 简述我国劳动法的法律渊源。

论述题

试论劳动法基本原则内容的确定。

案例分析题

1. 某个体餐馆因扩大经营规模,需要对餐馆门面进行装修。该餐馆经人介绍决定由某艺术学院教师李某承揽该项业务,并与之签订了一份餐馆门面装修的合同。合同中约定:由餐馆提供有关装修材料,李某负责按照双方议定的施工图进行门面装修,李某更改设计图须经餐馆同意。此

外，合同还对交工日期和报酬等有关事项作了规定。合同签订后，李某按照合同规定如期完成了装修工作。可在支付报酬时，双方产生了争议。

问题：该个体餐馆与李某之间是劳动关系还是劳务关系？是否受劳动法调整？

2. 2024 年 5 月，王某夫妇因抚育婴儿需要雇用了保姆田某，双方协议由田某照管婴儿，王某提供田某食宿，每月工资 5000 元。田某在王某家工作四个月后，听老乡说劳动者享有社会保险权利，又觉得自己都能按照王某的要求照管好婴儿，于是要求王某为其缴纳社会保险费。王某认为：田某确实为自己付出了劳动，但是双方之间未建立劳动关系，而是建立了劳务关系，田某不能依据劳动法律维护自己的权利。

问题：王某与田某之间是否为我国劳动法上的劳动关系？田某能否要求王某为其缴纳社会保险费？

第二章 法律关系

A+ 基础知识图解

劳动法律关系的界定
- 劳动法律关系的概念
- 劳动法律关系与劳动关系
  - 联系：劳动关系是劳动法律关系产生的基础，劳动法律关系是劳动关系的法律表现形式
  - 区别：性质不同、范围不同、效果不同
- 劳动法律关系与事实劳动关系

劳动行政法律关系
- 劳动行政法律关系的概念
- 劳动行政法律关系与劳动法律关系

劳动服务法律关系
- 劳动服务法律关系的概念
- 劳动服务法律关系与一般民事劳务法律关系

II 重点知识讲解

重点知识一：劳动法律关系的界定

1. 劳动法律关系的概念。劳动法律关系是劳动法主体之间以劳动为纽带产生的社会关系经由劳动法调整后形成的权利义务关系。劳动法调整的社会关系有两类：一类是劳动关系，即劳动者与用人单位之间形成的社会关系，又称个别劳动关系；另一类是与劳动关系密切相连的社会关系，包括集体劳动关系、劳动服务关系和劳动行政关系。劳动法通过对前述两类社会关系的调整，分别形成个别劳动法律关系、集体劳动法律关系、劳动服务法律关系和劳动行政法律关系。其中，个别劳动法律关系，即劳动者与用人单位之间的法律关系，是最重要的劳动法律关系，劳动法的基本理念、特点、原则和内容等，主要以这类劳动法律关系为研究对象凝练而成。

2. 劳动法律关系与劳动关系。劳动法律关系是劳动法律规范对劳动关系调整的结果，二者既有联系，又有区别。劳动关系是劳动法律关系产生的基础，只有劳动法律规范对特定劳动关系进行法律调整，才能形成劳动法律关系。因此，劳动法律关系是劳动关系的法律表现形式。劳动法律关系与劳动关系的区别也是显而易见的：(1) 性质不同。劳动关系是特定的社会关系，属于经济基础范畴；劳动法律关系是国家意志的体现，属于上层建筑范畴。(2) 范围不同。劳动关系是一类广泛的社会关系，劳动法并不全部调整，譬如家政服务过程中形成的劳动关系，我国现行劳动法就没有将其纳入调整范围。劳动法将哪些具体的劳动关系纳入调整范围，是由劳动法的价值目标、劳动关系特点、不同发展时期社会需要等因素综合考虑决定的。(3) 效果不同。劳动关系体现的是劳动过程中参与主体相互联系的社会关系；劳动法律关系是被赋予了法律拘束力的权利义务关系。

3. 劳动法律关系与事实劳动关系。事实劳动关系，是指虽然在劳动法调整范围内但不符合法定模式的劳动关系。劳动法律关系和事实劳动关系尽管都在劳动法调整范围内，但二者具有不同

的法律属性，主要表现在：

（1）劳动法律关系是符合法定模式的劳动关系；事实劳动关系则完全或部分不符合法定模式，尤其是缺乏劳动法律关系赖以确立的法律事实的有效要件。

（2）劳动法律关系的内容，即权利和义务，是双方当事人所预期和设定的；事实劳动关系的双方当事人之间虽然存在一定的权利义务，但这一般不是双方当事人所预期的，更不是由双方当事人设定的。

（3）劳动法律关系由法律保障其存续；事实劳动关系如果不能依法转化为劳动法律关系，就应当强制其终止，但事实劳动关系中的劳动者利益仍然受劳动法保护。

重点知识二：劳动行政法律关系问题

1. 劳动行政法律关系的概念。劳动行政法律关系，是指劳动行政主体与劳动行政相对人之间，为实现劳动关系而依据劳动法律规范和有关行政法律规范形成的权力（权利）和义务关系。或者说，它是劳动行政法调整劳动行政关系所形成的权利和义务关系。它由主体、内容与客体三个要素构成。劳动行政法律关系的主体，包括劳动行政主体和劳动行政相对人双方。劳动行政法律关系的内容，即劳动行政主体与劳动行政相对人之间关于宏观劳动管理的权利和义务。劳动行政法律关系的客体，即劳动行政主体和劳动行政相对人的权力（权利）和义务所共同指向的事项，主要是劳动行政相对人按照劳动行政主体的管理要求实施的行为及其所支配的物和无形财产。

2. 劳动行政法律关系与劳动法律关系。劳动法律关系与劳动行政法律关系都是经劳动法调整而形成的法律关系，存在着密切的联系：

（1）劳动者和用人单位既分别是劳动法律关系的一方当事人，又都是劳动行政法律关系的劳动行政相对人，因而同时享有和承担这两种法律关系中的权利（权力）和义务。

（2）劳动法律关系与劳动行政法律关系应当在内容上保持协调。其中，以国家意志为主导的劳动行政法律关系的内容，应当注意反映体现劳动法律关系主体的自主意志；而着重体现劳动者和用人单位自主意志的劳动法律关系的内容，则应当不违反寓于劳动行政法律关系中的国家意志。

（3）劳动行政法律关系附随于劳动法律关系而存在，它的运行应当符合劳动法律关系的本质要求，对劳动法律关系的正常运行和发展起保护、协调和促进作用。

二者的区别主要表现在：

（1）劳动法律关系是微观领域的法律关系；劳动行政法律关系则是宏观领域的法律关系。

（2）劳动法律关系的双方当事人之间，存在着劳动者是用人单位职工的身份从属关系；劳动行政法律关系的双方当事人之间，劳动行政相对人则不属于劳动行政主体的成员，而是独立于劳动行政主体之外的主体。

（3）劳动法律关系兼有平等和隶属特征；劳动行政法律关系则是纯粹的隶属型关系。

（4）劳动法律关系的主体、内容和客体的确定，在一定程度上是双方当事人双向选择和协商一致的结果，劳动行政法律关系的主体、内容和客体则都是由劳动法规预先确定的，当事人一般无自由选择和协商的余地。

重点知识三：劳动服务法律关系问题

1. 劳动服务法律关系的概念及构成要素。劳动服务法律关系，是指劳动服务主体与劳动者和用人单位之间，在劳动服务过程中依据劳动法律规范和有关民事法律规范所形成的劳务法律关系。它由主体、内容与客体三要素构成。

2. 劳动服务法律关系与一般民事劳务法律关系。劳动服务法律关系具有民事劳务法律关系的一般属性，但较之一般民事劳务法律关系又有其不同特征。主要表现在：

（1）它的双方当事人分别固定为特定的主体。其中，劳务提供方固定为依法取得特定劳动服务资格的社会组织，劳务接受方固定为劳动者和用人单位。

（2）它以实现劳动关系为目的。即它的存续是为了在劳动力市场上和劳动过程中给劳动关系正常运行创造条件。

（3）它的标的限定为劳动服务行为。这是一种特殊劳务，其服务对象、服务项目和服务规则由劳动法规政策和劳动行政部门规定。

（4）它的内容一般具有非营利性和公益性，其中有的是无偿提供服务。

（5）它的运行大多由政府有关部门或机构组织，并且受到国家较强力度的宏观控制。

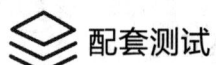 配套测试

单项选择题

1. 劳动法律关系产生的主要基础是（　　）。
A. 劳动法律规范
B. 劳动关系
C. 与劳动关系有密切联系的社会关系
D. 劳动关系和与劳动关系有密切联系的社会关系

2. 劳动法律关系的核心和实质是（　　）。
A. 劳动法律关系的主体　　　　　　B. 劳动法律关系的客体
C. 劳动法律关系的内容　　　　　　D. 劳动法律事实

3. 下列行为可以引起劳动法律关系产生的是（　　）。
A. 某个体餐馆雇佣童工
B. 因身体原因甲与所在单位协议改变岗位
C. 乙根据与某公司签订的劳动合同上岗就业
D. 劳动合同期满前，丙与某宾馆协议延期

4. 劳动法律关系的基本客体是（　　）。
A. 劳动力　　　　B. 财物　　　　C. 劳动条件　　　　D. 劳动行为

5. 下列关于劳动法律关系与劳动行政法律关系的说法，错误的是（　　）。
A. 从法律属性上看，劳动法律关系是合同法律关系
B. 劳动行政法律关系并不附随劳动法律关系而存在
C. 劳动行政法律关系内容，当事人一般无自由选择的余地
D. 劳动者与用人单位同时享有和承担这两种法律关系的权利（力）与义务

多项选择题

1. 下列关于劳动法律关系内容的表述正确的是（　　）。
A. 劳动者的权利义务一般不得由他人代理
B. 劳动法律关系的内容是劳动
C. 各项权利义务都与劳动力的使用和再生产有关
D. 劳动者的某些权利义务存续于劳动法律关系终止之后

2. 劳动法学中的法律关系包括（　　）。
A. 劳动法律关系　　　　　　　　　B. 劳动行政法律关系

C. 劳动服务法律关系　　　　　　　　D. 行政法律关系

3. 属于劳动法律关系暂停情形的是（　　）。

A. 停薪留职　　　　　　　　　　　　B. 停产息工

C. 职工自费出国留学　　　　　　　　D. 借调职工

4. 引起劳动法律关系变更、终止的法律事实（　　）。

A. 可以是事件　　　　　　　　　　　B. 可以是一方的违法行为

C. 可以是合法的双方行为　　　　　　D. 可以是行为和事件的结合

5. 可以成为劳动行政主体的是（　　）。

A. 职业介绍所　　　　　　　　　　　B. 社会保险经办机构

C. 卫生行政机关　　　　　　　　　　D. 人事行政机关

6. 劳动行政相对人包括（　　）。

A. 职业介绍机构　　　　　　　　　　B. 劳动者

C. 工会　　　　　　　　　　　　　　D. 劳动争议仲裁机构

7. 下列劳动法律事实中，可以引起劳动法律关系终止的是（　　）。

A. 企业被依法撤销　　　　　　　　　B. 劳动者完全丧失劳动能力

C. 用人单位辞退职工　　　　　　　　D. 劳动争议仲裁机构裁决解除劳动合同

名词解释

1. 劳动法律关系

2. 事实劳动关系

3. 劳动法律关系的运行

4. 劳动法律关系的续延

5. 劳动法律关系的暂停

6. 劳动法律事实

7. 劳动行政法律关系

8. 劳动服务法律关系

简答题

1. 简述劳动法律关系与事实劳动关系的联系和区别。

2. 简述劳动法律关系内容的主要特征。

3. 劳动法律关系的客体是什么？

4. 实践中，劳动法律关系续延的主要情形包括哪些？

5. 简述劳动法律事实的主要特征。

6. 相较于一般行政法律关系，劳动行政法律关系有何特征？

7. 简述劳动行政法律关系的构成要素。

8. 简述劳动法律关系与劳动行政法律关系的联系与区别。

9. 与一般民事劳务法律关系相比，劳动服务法律关系有何特殊性？

论述题

试述劳动法律关系与劳动关系的联系与区别。

案例分析题

2022年6月，广州某公司销售部聘用了两名外地青年林某与李某为业务员，事后销售部才将此事向人事部作了口头说明。对此，人事部未作表示，二人都没有签订劳动合同，工资由销售部从利润留成中支付。半年后的某天，林某在外出销售中遇到车祸，造成终身残疾。于是，林某向公司要求享受公司职工的工伤待遇，公司拒绝其要求。

问题：林某与公司之间是否为劳动法律关系？林某是否有权享受公司提供给职工的工伤待遇？

第三章 劳动法主体

基础知识图解

劳动者
- 劳动者的界定
  - 参考我国《民法典》关于"自然人"的界定方法
  - 参考不同国家、地区等比较法规定
  - 区别社会学界定和法学界定
- 劳动者的主体资格
  - 劳动权利能力
  - 劳动行为能力
- 劳动者的劳动权利和劳动义务

用人单位
- 用人单位的法律界定
- 用人单位的主体资格
  - 用人单位的劳动权利能力
  - 用人单位的劳动行为能力

工会
- 工会的概念、性质
- 工会的法律地位

重点知识讲解

重点知识一：劳动者

1. 劳动者的界定。劳动者（labourer），又称工人（worker）、员工（personnel）、雇员（employee）、雇佣工人（employed labour）等。我国劳动法对此没有明确的界定。我们可以从以下方法路径进行界定。

（1）参考我国《民法典》关于"自然人"的界定方法。劳动者是指达到法定就业年龄，具有一定劳动能力，依法具有订立劳动合同的主体资格，并在具体的劳动法律关系中享受权利和承担义务的自然人。劳动者的内涵，通常在两个层面上使用：一是作为主体资格的劳动者，二是作为劳动合同法律关系中的劳动者。这两个层面的内涵和法律意义不完全相同。

①作为主体资格的劳动者，是形成劳动法律关系，享有具体权利、履行具体义务的前提，但具备劳动者主体资格，并不必然产生具体的劳动权利义务关系。作为主体资格的劳动者，主要解决的是一个自然人在法律上能否参与具体劳动法律关系的问题。此时的劳动者，必须具备一定的劳动权利能力与劳动行为能力。劳动者的劳动权利能力是指依法能够享有劳动权利和承担劳动义务的资格，也就是能够作为劳动合同劳动者的主体资格。这种主体资格是公民依法参与劳动法律关系的前提条件。劳动者的劳动行为能力是指公民能够以自己的行为实际地行使劳动权利和承担劳动义务的能力。劳动权利能力和劳动行为能力是统一的、不可分割的，不能由他人代理行使，必须由劳动者亲自实施。一般而言，劳动者的劳动权利能力和劳动行为能力主要通过以下两个要素来衡量：就业年龄和劳动能力。

②作为劳动合同法律关系中的劳动者。劳动合同法律关系中的劳动者是劳动关系成立后，在具体的劳动合同中享受劳动权利和承担劳动义务、具有从属性质的主体，又称职工、雇员。该种劳动关系下的劳动，具有从属性、职业性、契约性和有偿性特征。

（2）参考不同国家劳动法规定。日本劳动法律规定："本法中的'劳动者'是指不问其职业为何，以工资、薪俸或其他相当于工资、薪俸的收入为生活来源者。"韩国劳动法律规定："本法中'工人'一词，是指以获得工资为目的而从事向企事业或工作场所提供劳动服务的任何职业的人。"西班牙劳动法律规定："劳动者，是指一切自愿受雇于他人，领取报酬的雇佣劳动者，他们在某自然人或法人，即雇主的组织和指挥下从事服务劳动。"加拿大劳动法律规定："'职工'表示任何被雇佣以从事熟练的或不熟练的、体力的、办公室的、技术的或经营工人工作的人。"印度劳动法律规定："'工人'系指任何一个为了受雇或获取报酬而被任何一个企业雇佣或从事与该企业有联系的技术的、半技术的或非技术的管理、工程或文书工作的人。"

综上，归纳市场经济国家或地区的法律界定和学界的一般观点，可以得出，劳动法意义上的劳动者，是指现代劳动关系中与雇主相对应的受雇于他人、以出卖劳动力而获得工资收入的生产者。这些劳动者具有以下特征：①受雇于他人，在他人指令或指挥下从事各类生产劳动。②获得工资或相当于工资的报酬。③是具有独立身份的自然人。

（3）区别社会学界定和法学界定。社会学意义上的劳动者，是指具有一定的劳动能力，遵循一定的劳动规范，占据一定的劳动岗位，参与实际的劳动过程的人。按此理解，工人、农民、经营者、管理者、文化人，甚至公务员和企业主也都是社会学意义上的劳动者。而劳动法上的劳动者，是指处于市场经济下以社会化生产和剩余价值为特征的劳动关系中，与生产资料所有者相对应并受雇于其的直接生产者。所以，只要不是在现代劳动关系中作为受雇者而劳动，便不是劳动法意义上的劳动者。除一般的定义以外，各国的劳动法以及不同时期的劳动法，关于劳动者概念的外延也不尽相同。

2. **劳动者的主体资格**。公民成为劳动者必须具备法定的前提条件，这在法学上统称为劳动者资格（或称主体资格）。它所包括的劳动权利能力和劳动行为能力共同决定着公民参与劳动法律关系的范围和享有并行使劳动权利、承担并履行劳动义务的范围。劳动权利能力，是指公民依法能够享有劳动权利和承担劳动义务的资格。它表明公民依法可以成为哪些劳动权利的享有者和哪些劳动义务的承担者。劳动行为能力，是指公民依法能够以自己的行为行使劳动权利和履行劳动义务的资格。它表明公民依法可以成为哪些劳动权利的行使者和哪些劳动义务的履行者。劳动行为能力主要取决或受制于年龄、健康、智力、行为自由等因素。

3. **劳动者的劳动权利和劳动义务**。我国《劳动法》第 3 条规定，作为劳动法律关系主体一方的劳动者享有的基本权利主要有：平等就业和选择职业的权利、取得劳动报酬的权利、休息休假的权利、获得劳动安全卫生保护的权利、接受职业技能培训的权利、享受社会保险和福利的权利、提请劳动争议处理的权利以及法律规定的其他劳动权利。

劳动者应履行的基本劳动义务，包括完成劳动任务，提高职业技能，执行劳动安全卫生规程，遵守劳动纪律和职业道德等。

重点知识二：用人单位

1. **用人单位的法律界定**。用人单位，是指能够依法以自己的名义签订劳动合同，并在劳动合同法律关系中享受用工权利和承担用工义务的主体。用人单位是相对于劳动者而存在的主体，应当说明的是，用人单位这一称谓是我国劳动法上的特有用语。在国外劳动法上，劳动力使用方一般被称为用工方、企业主、资方、雇主、雇佣人等。目前，我国劳动法只承认"组织"用工，不承认"个人"用工。

此外，关于雇主概念的界定，各国劳动法律有如下表述：美国劳动法律规定："'雇主'包括与雇员有关的直接或间接地代表雇主利益的人并包括公共机构，但不包含任何劳工组织（它作为雇主时除外）或该劳工组织中的职员或代理人。"加拿大劳动法律规定："'雇主'表示任何一个雇佣一个或更多职工的人。"西班牙劳动法律规定："一切责任人或法人，或者财产集团雇佣第一条款中涉及的人，或者从某一合法的劳动服务公司为另一用户企业雇佣服务人员的，均称雇主。"日本劳动法律规定："本法所称雇主，系指企业主、企业经理人或代表企业主处理企业中有关工人事宜的人。"韩国劳动法律规定："本法中'雇主'一词是指企事业业主，或负责企事业管理的人，或在与工人有关的事宜上为企事业业主效力或代表企事业业主的其他人。"比较这些规定可以将雇主的概念定义为：雇主是指现代劳动关系中代表资方负责管理和处理劳工事务的法人或自然人。雇主有以下具体的法律特征：（1）雇主是雇员或工人或劳工的对称，其基本特征为"雇佣他人为其劳动"。（2）雇主可以是自然人，也可以是法人。但在具体劳动关系事务中，雇主必须由自然人来充任或代表。（3）凡是在劳动关系中代表资方或管理方处理有关劳动事务之人，均可称为雇主。所以，雇主的概念可以包括企事业主、企事业的经营者和管理者以及代表企事业主处理劳动事务的其他人。

2. 用人单位的主体资格。用人单位要具备劳动法上的用工主体资格，也需要具备相应的劳动权利能力和劳动行为能力。用人单位的劳动权利能力，是指能够依法参与劳动法律关系并享受用工权利和承担用工义务的资格。用人单位的劳动行为能力是指用人单位能够以自己的行为实际地行使用工权利和承担用工义务的能力。在用人单位的劳动权利能力的衡量上，一般会受到职工录用的法定条件、工资总额和最低工资标准要求、法定工作时间和劳动安全卫生标准、社会保险义务、企业社会责任义务等因素的制约。而衡量用人单位是否具备劳动行为能力，一般从是否具有固定的组织机构和场所、是否具有一定的能够独立支配的财产、是否具有一定的促进劳动力与生产资料相结合以及实现劳动标准的技术条件等方面加以评判。

重点知识三：工会

1. 工会的概念、性质。在我国，工会是中国共产党领导的、职工自愿结合的工人阶级群众组织，是重要的社会政治团体。就性质而言，它具有阶级性、群众性、自愿性、政治性。

2. 工会的法律地位。其法律地位体现在：

（1）工会具有唯一性和独立性。工会的唯一性是指工会在我国是唯一合法的、联合广大职工和代表广大职工利益的工人阶级群众组织，在全国范围内具有统一的组织体系。工会的独立性是指工会是一个独立的工人阶级群众组织，有一套独立的组织体系，在宪法和法律的范围内依据《中国工会章程》独立自主地开展工作。

（2）工会具有法人资格。《工会法》规定，中华全国总工会、地方总工会、产业工会具有社团法人资格，基层工会具备民法规定的法人条件的，依法取得社团法人资格。

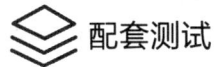

配套测试

不定项选择题

1. 下列关于劳动权利能力和劳动行为能力的说法，正确的是（　　）。
A. 一般 14 周岁同时产生　　　　　　B. 前者出生时产生，后者开始于 18 周岁
C. 一般 16 周岁同时产生　　　　　　D. 前者出生时产生，后者开始于 16 周岁

2. 下列关于民事行为能力与劳动行为能力的错误表述是（   ）。
　　A. 两者同时产生，同时消灭
　　B. 公民具备民事行为能力，必然具备劳动行为能力
　　C. 前者可以由他人代理，后者一般只能由本人实现
　　D. 前者开始时间早于后者，但都晚于民事权利能力

3. 根据《劳动法》规定，以下经过相应程序可以招用不满16周岁未成年人的用人单位是（   ）。
　　A. 新星歌舞团　　　　　　　　　B. 河南某杂技团
　　C. 西部边远地区某企业　　　　　D. 国家体操队

4. 某外资电子器材有限公司从社会上招收了6名工人，其中有2名14岁的工人，另有1名妇女因性别差异而未被招用，还有1名正在休产假的妇女被同时辞退，职工要求组织工会亦被拒绝。下列选项所述该公司的做法中，错误的是（   ）。
　　A. 招收2名14岁职工　　　　　　B. 以性别为由拒绝招收1名妇女
　　C. 辞退休产假的妇女　　　　　　D. 不组建工会

5. 用人单位非法招用童工的，由劳动行政部门处以（   ）。
　　A. 罚款　　　B. 责令改正　　　C. 吊销营业执照　　　D. 警告

6. 以下说法错误的是（   ）。
　　A. 劳动者无权拒绝作业
　　B. 结社权是指劳动者参加和组织工会的权利
　　C. 取得报酬权包括报酬请求权和报酬支配权
　　D. 除国家另有规定外，不得以性别为由提高对妇女的录用标准

7. 以下关于我国工会的表述，错误的是（   ）。
　　A. 工会具有阶级性和群众性　　　B. 工会是党的一个附属机构
　　C. 全国所有的工会组织都具有法人资格　　D. 工人可以自由组织各类工会组织

8. 企业违反法律、法规单方面解除职工劳动合同时，工会有权（   ）。
　　A. 予以处罚　　　　　　　　　　B. 要求予以重新处理
　　C. 予以改正　　　　　　　　　　D. 代表职工申请仲裁或提起诉讼

9. 依据《工会法》，用人单位处分职工，工会认为不适当的，有权（   ）。
　　A. 提出意见　　　　　　　　　　B. 要求予以重新处理
　　C. 予以改正　　　　　　　　　　D. 请求当地政府依法处理

10. 依《劳动法》的规定，（   ）等尚未包括在我国用人单位范围之内。
　　A. 集体所有制农业生产经营组织　　B. 政府机关
　　C. 雇主组织　　　　　　　　　　D. 农村承包经营户

11. 劳动者在劳动法律关系中的劳动义务包括（   ）。
　　A. 按合同约定完成劳动任务　　　B. 服从用人单位的指挥和监督
　　C. 保守所知的用人单位的商业秘密　　D. 因违反劳动合同而承担违约责任

12. 我国工会具有的基本职能包括（   ）。
　　A. 维护职能　　B. 参与职能　　C. 组织职能　　D. 教育职能

13. 我国现有的劳动服务主体，包括（   ）几类。
　　A. 劳动就业服务机构　　　　　　B. 劳动保护服务机构
　　C. 职业培训服务机构　　　　　　D. 社会保险服务机构

14. 目前，我国的劳动就业服务机构主要有（　　）。
A. 就业登记机构　　　　　　　　B. 职业（技术）学校
C. 职业介绍机构　　　　　　　　D. 劳动就业服务企业
15. 在我国，职业培训服务机构主要包括（　　）。
A. 就业训练中心　　　　　　　　B. 技工学校
C. 职业技能鉴定机构　　　　　　D. 劳动鉴定机构

名词解释

1. 劳动者
2. 用人单位
3. 工会
4. 雇主组织
5. 劳动行政部门
6. 劳动服务主体

简答题

1. 简述劳动权利能力与劳动权、劳动权利的区别。
2. 简述劳动行为能力的制约因素。
3. 简述公民劳动者资格与民事主体资格的区别。
4. 简述我国工会的法律地位。
5. 简述用人单位资格与民事主体资格的联系和区别。

第四章 法律责任

基础知识图解

用人单位法律责任的特征 {
　用人单位法律责任在劳动法的法律责任体系中居首要地位
　用人单位法律责任以单位责任为主,以责任人员个人责任为辅
　用人单位法律责任大多由立法直接规定
}

劳动者法律责任的特征 {
　以约定责任为主
　违纪责任寓于违约责任之中
　集体合同违约责任通过承担劳动合同违约责任实现
　实行过错责任原则
}

重点知识讲解

重点知识一：用人单位法律责任的特征

用人单位法律责任的主要特征。(1) 用人单位法律责任在劳动法的法律责任体系中居首要地位。劳动法对劳动者是权利本位,对用人单位则是义务本位。故各国劳动法中的法律责任制度,都以规定用人单位法律责任为重点。在我国,《劳动法》的法律责任专章中,绝大部分条文是关于用人单位法律责任的规定。

(2) 用人单位法律责任以单位责任为主,以责任人员个人责任为辅。用人单位违反劳动法的行为,都是由作为单位行政组成部分的管理人员具体实施的。当用人单位违反劳动法时,除对用人单位追究法律责任外,还有必要在一定场合追究责任人员个人的法律责任。这样,更能促使用人单位遵守劳动法。

(3) 用人单位法律责任大多由立法直接规定。除违约责任可由劳动合同和集体合同约定外,用人单位的其他法律责任都由有关法规具体规定；即使是违约责任的约定,也须符合法定标准。

重点知识二：劳动者法律责任的特征

劳动者法律责任的特征。(1) 以约定责任为主。劳动法偏重于保护劳动者,对劳动者是权利本位,因而,它对劳动者法律责任的规定大大少于用人单位法律责任。劳动者法律责任主要由劳动合同和作为其附件的内部劳动规则以及集体合同规定。

(2) 违纪责任寓于违约责任之中。劳动法赋予劳动者的义务主要是履行劳动合同和集体合同,遵守劳动纪律,由此决定了劳动者的法律责任主要表现为违约责任和违纪责任。其中,违纪责任属于违约责任的组成部分。这是因为,内部劳动规则之中,违反劳动纪律亦即违反劳动合同,因而违纪责任属于违约责任。

(3) 集体合同违约责任通过承担劳动合同违约责任实现。集体合同条款依法可以取代和补充劳动合同内容,当单个劳动者因违反集体合同而应当向用人单位承担违约责任时,就应当按照违

反劳动合同一样承担违约责任。

（4）实行过错责任原则。劳动者因违反劳动法而承担法律责任，必须以主观上有过错为要件。

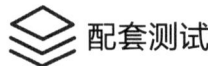 配套测试

不定项选择题

1. 当前我国劳动法中的法律责任，主要包括（　　）等形式。
A. 民事责任　　　　B. 刑事责任　　　　C. 行政责任　　　　D. 劳动责任

2. 劳动法中对于劳动者法律责任的规定体现了（　　）。
A. 法定责任为主的原则　　　　　　B. 实行过错责任原则
C. 约定责任为主的原则　　　　　　D. 违纪责任寓于违约责任中

3. 下列行政处罚形式中，劳动行政部门一般有权独立实施的是（　　）。
A. 吊销许可证　　　B. 吊销营业执照　　C. 拘留　　　　　　D. 停产整顿

名词解释

1. 劳动法中的法律责任
2. 纪律处分

简答题

1. 与一般民事责任相比，劳动法中的民事责任有何特殊性？
2. 简述用人单位法律责任的特征。
3. 简述劳动者法律责任的特征。

劳动关系协调篇

第五章 劳动合同

基础知识图解

- 劳动合同与劳务合同
  - 劳动合同的概念、特征
    - 劳动合同的概念：是劳动者与用人单位确立劳动关系，明确双方权利和义务的协议
    - 劳动合同的特征：从属性合同、继续性合同、不完全合同、关系性合同、附合合同
  - 劳动合同与劳务合同的区别
    - 主体地位不同
    - 合同内容不同
    - 报酬计算和发放不同
    - 适用的法律不同
    - 合同主体不同

- 劳动合同的内容和形式
  - 劳动合同的内容
    - 法定必备条款
    - 约定必备条款
  - 劳动合同的形式
    - 一般：书面劳动合同
    - 特殊：非全日制用工可以订立口头协议

- 劳动合同的解除
  - 劳动合同解除的概念
  - 劳动合同解除的方式
    - 协商解除
    - 用人单位单方解除：即时辞退、预告辞退、经济性裁员
    - 劳动者单方解除：即时辞职、预告辞职
  - 劳动合同终止与解除的经济补偿
    - 经济补偿的法定情形
    - 经济补偿的标准

- 劳动合同的无效
  - 劳动合同无效的情形
  - 劳动合同无效的确认
  - 劳动合同无效的法律后果

重点知识讲解

重点知识一：劳动合同与劳务合同

1. 劳动合同的概念、特征。劳动合同，亦称劳动契约或劳动协议，此概念既可以在法律行为（法律事实）意义上使用，即指劳动合同的运行；也可以在法律关系（社会关系）意义上使用，即指劳动合同关系。劳动合同有书面、口头、推定形式，故劳动合同概念，既可以指书面劳动合同，也可以指口头、推定劳动合同，而《劳动合同法》中的劳动合同概念，多指书面劳动合同。对于劳动合同概念，应当置于其所在法律条文中作具体理解，不同法律条文中的劳动合同概念，其含义不尽相同。但作为基本定义来说，《劳动法》第16条规定，劳动合同是劳动者与用人单位确立劳动关系，明确双方权利和义务的协议。

关于劳动合同的特征，劳动合同具有一般合同的属性，在一般合同的分类中，劳动合同是诺成合同、双务合同和有偿合同。基于劳动关系的特殊性和劳动法的社会法属性，劳动合同有别于一般民事合同，具有下述特点：（1）从属性合同；（2）继续性合同；（3）不完全合同；（4）关系性合同；（5）附合合同。

2. 劳动合同与劳务合同的区别。独立的劳动合同与民事的劳务合同已经形成了如下区别：

（1）主体地位不同。劳务合同的主体双方地位是平等的，双方在合同签订时和签订后都是平等的民事法律关系；而劳动合同的主体双方在签订合同时是平等的，双方可以就合同的内容进行平等协商，任何一方不得将意志强加给对方，但合同签订后劳动者就对用人单位产生了一定的隶属性，在劳动合同执行的过程中，用人单位和劳动者之间是管理与被管理的关系，劳动者要遵守用人单位的劳动纪律，接受用人单位在劳动过程中的管理。

（2）合同内容不同。劳动合同要求劳动者提供的一般是劳动的过程，典型的例子是在工厂流水线上工作的职工，每个劳动者提供的劳动只是劳动的过程，一般不要求劳动者提供劳动成品，只要付出了劳动就应当获得劳动报酬；而劳务合同一般要求提供的是劳动的成果，如前面所述的家庭装修、家具制作等，家庭装修者或家具制作者要按照约定提供装修效果或制作出家具，不能在提供了劳动而没有劳动成果的情况下获得劳务费用。劳动合同与劳务合同的这一区别，也是工业社会下劳动关系从传统的劳务关系中分离出来的客观背景和需求的反映。

（3）报酬计算和发放不同。在劳务合同中双方的权利义务受民法规范的约束，劳务费用的计算应当遵循商品的定价规则，即成本加合理的利润；而劳动者的工资分配原则适用的是按劳分配的原则。具体的工资标准受到国家强制法干预，工资不得违反最低工资规定，具体数额劳动者可以和用人单位协商确定。

（4）适用的法律不同。在劳动合同上建立的劳动关系，受劳动法律法规调整，双方的权利义务关系要依据劳动法律法规确定。如果形成了劳动关系，用人单位就有为劳动者缴纳法定的社会保险费的义务；劳动关系中的劳动者在劳动过程中受到了伤害，有权享受工伤待遇等；在劳动关系运行中产生劳动争议，要先申请劳动仲裁，然后才进入诉讼程序。

（5）合同主体不同。按照我国目前的规定，从劳动主体来看，在劳务合同中，劳务的提供方既可以是自然人，也可以是法人或其他组织。前者如个人家庭请人装修住宅、制作家具等，后者如某银行和某清洁公司之间关于清洁服务的协议；而在劳动合同中劳动者只能是自然人。从雇佣主体来看，在劳动合同中，用人单位应当具有法律上的用人资格，即用人单位须是企业、事业单位、国家机关、社会团体、个体经济组织之一。因此，家庭保姆、为家庭提供劳务的钟点工与其雇主之间的合同是劳务合同，而不是劳动合同。

重点知识二：劳动合同的内容和形式

1. 劳动合同的内容。(1) 法定必备条款，即法律规定劳动合同必须具备的条款。依《劳动合同法》第 17 条第 1 款的规定，法定必备条款包括用人单位的名称、住所和法定代表人或者主要负责人；劳动者的姓名、住址和居民身份证或者其他有效身份证件号码；劳动合同期限；工作内容和工作地点；工作时间和休息休假；劳动报酬；社会保险；劳动保护、劳动条件和职业危害防护；法律、法规规定应当纳入劳动合同的其他事项。

(2) 约定必备条款，即劳动关系当事人或其代表约定劳动合同必须具备的条款。它是法定必备条款的必要补充，其具备与否，对劳动合同可否依法成立，在一定程度上有决定性意义。依《劳动合同法》第 17 条第 2 款的规定，用人单位与劳动者可以约定试用期、培训、保守秘密、补充保险和福利待遇等其他事项。这是法定可备条款，可以成为当事人约定的必备条款。

2. 劳动合同的形式。劳动合同的形式，是劳动合同内容赖以确定和存在的方式，即劳动合同当事人双方意思表示一致的外部表现。依《劳动合同法》第 10 条的规定，建立劳动关系，应当订立书面劳动合同。已建立劳动关系，未同时订立书面劳动合同的，应当自用工之日起一个月内订立书面劳动合同。用人单位与劳动者在用工前订立劳动合同的，劳动关系自用工之日起建立。依《劳动合同法》第 69 条第 1 款的规定，非全日制用工双方当事人可以订立口头协议。

重点知识三：劳动合同的解除

1. 劳动合同解除的概念。劳动合同的解除，是指劳动合同依法生效，尚未履行或履行完毕之前，当事人依法提前终止劳动合同的法律效力。它是劳动合同的提前终止，是在具备法定或约定事由情形下因当事人依法作出提前终止合同的意思表示而终止。

2. 劳动合同解除的方式。解除方式主要包括协商解除和单方解除。

(1) 关于协商解除，《劳动合同法》第 36 条规定，用人单位与劳动者协商一致，可以解除劳动合同。

(2) 用人单位单方解除劳动合同，包括即时辞退、预告辞退和经济性裁员三种情况。

①即时辞退的许可性条件。《劳动合同法》第 39 条规定，劳动者有下列情形之一的，用人单位可以解除劳动合同：在试用期间被证明不符合录用条件的；严重违反用人单位的规章制度的；严重失职，营私舞弊，给用人单位造成重大损害的；劳动者同时与其他用人单位建立劳动关系，对完成本单位的工作任务造成严重影响，或者经用人单位提出，拒不改正的；因以欺诈、胁迫的手段或者乘人之危，使对方在违背真实意思的情况下订立或者变更劳动合同致使劳动合同无效的；被依法追究刑事责任的。

②预告辞退的许可性条件。《劳动合同法》第 40 条规定，有下列情形之一的，用人单位提前 30 日以书面形式通知劳动者本人或者额外支付劳动者一个月工资后，可以解除劳动合同：劳动者患病或非因工负伤，医疗期满后，不能从事原工作也不能从事由用人单位另行安排的工作的；劳动者不能胜任工作，经过培训或者调整工作岗位，仍不能胜任工作的；劳动合同订立时所依据的客观情况发生重大变化，致使原劳动合同无法履行，经当事人协商不能就变更合同达成协议的。

③经济性裁员的许可条件。《劳动合同法》第 41 条第 1 款规定，有下列情形之一，需要裁减人员 20 人以上或者裁减不足 20 人但占企业职工总数 10% 以上的，用人单位提前 30 日向工会或者全体职工说明情况，听取工会或者职工的意见后，裁减人员方案经向劳动行政部门报告，可以裁减人员：依照企业破产法规定进行重整的；生产经营发生严重困难的；企业转产、重大技术革新或者经营方式调整，经变更劳动合同后，仍需裁减人员的；其他因劳动合同订立时所依据的客观经济情况发生重大变化，致使劳动合同无法履行的。

④预告辞退和裁员的禁止性条件。《劳动合同法》第 42 条规定，劳动者有下列情形之一的，

用人单位不得依照本法第40条、第41条的规定解除劳动合同：从事接触职业病危害作业的劳动者未进行离岗前职业健康检查，或者疑似职业病病人在诊断或者医学观察期间的；在本单位患职业病或者因工负伤并被确认丧失或者部分丧失劳动能力的；患病或者非因工负伤，在规定的医疗期内的；女职工在孕期、产期、哺乳期的；在本单位连续工作满15年，且距法定退休年龄不足5年的；法律、行政法规规定的其他情形。

（3）劳动者单方解除劳动合同，包括即时辞职和预告辞职两类。

《劳动合同法》第38条规定，用人单位有下列情形之一的，劳动者可以解除劳动合同：未按照劳动合同约定提供劳动保护或者劳动条件的；未及时足额支付劳动报酬的；未依法为劳动者缴纳社会保险费的；用人单位的规章制度违反法律、法规的规定，损害劳动者权益的；因以欺诈、胁迫的手段或者乘人之危，使对方在违背真实意思的情况下订立或者变更劳动合同致使劳动合同无效的；法律、行政法规规定劳动者可以解除劳动合同的其他情形。用人单位以暴力、威胁或者非法限制人身自由的手段强迫劳动者劳动的，或者用人单位违章指挥、强令冒险作业危及劳动者人身安全的，劳动者可以立即解除劳动合同，不需事先告知用人单位。

《劳动合同法》第37条规定，劳动者提前30日以书面形式通知用人单位，可以解除劳动合同。劳动者在试用期内提前3日通知用人单位，可以解除劳动合同。

3. 劳动合同终止与解除的经济补偿。（1）经济补偿的法定情形。《劳动合同法》第46条规定，有下列情形之一的，用人单位应当向劳动者支付经济补偿：①劳动者依照《劳动合同法》第38条（即时辞职）规定解除劳动合同的；②用人单位依照《劳动合同法》第36条（协议解除）规定向劳动者提出解除劳动合同并与劳动者协商一致解除劳动合同的；③用人单位依照《劳动合同法》第40条（无过失性辞退）规定解除劳动合同的；④用人单位依照《劳动合同法》第41条第1款（裁员）规定解除劳动合同的；⑤除用人单位维持或者提高劳动合同约定条件续订劳动合同，劳动者不同意续订的情形外，依照《劳动合同法》第44条第1项（合同期限届满）规定终止固定期限劳动合同的；⑥依照《劳动合同法》第44条第4、5项（用人单位主体资格消灭）规定终止劳动合同的；⑦法律、行政法规规定的其他情形。

（2）经济补偿的标准。《劳动合同法》第47条规定，经济补偿按劳动者在本单位工作的年限，每满1年支付1个月工资的标准向劳动者支付。6个月以上不满1年的，按1年计算；不满6个月的，向劳动者支付半个月工资的经济补偿。劳动者月工资高于用人单位所在直辖市、设区的市级人民政府公布的本地区上年度职工月平均工资3倍的，向其支付经济补偿的标准按职工月平均工资3倍的数额支付，向其支付经济补偿的年限最高不超过12年。本条所称月工资是指劳动者在劳动合同解除或者终止前12个月的平均工资。

重点知识四：劳动合同的无效问题

1. 劳动合同无效的情形。劳动合同无效，是指劳动合同由于缺少有效要件而全部或部分不具有法律效力。其中，全部无效，可导致劳动关系消灭；部分无效，是指部分合同条款无效，如果不影响其余部分的效力，其余部分仍然有效，劳动关系可依法存续。无效劳动合同不具有法律效力，是指不能发生当事人预期的法律后果，或者说，无效劳动合同引起的法律后果并不是当事人缔约时所预期的。合同无效一般有绝对无效（狭义无效）与相对无效（可撤销）之分，但《劳动法》未规定劳动合同相对无效的事项，《劳动合同法》则采用授予特殊情况下对劳动合同无效无过错者以解除权的方式来替代可撤销制度。

《劳动合同法》第26条第1款规定，劳动合同无效或部分无效的事由有：（1）以欺诈、胁迫的手段或者乘人之危使对方在违背真实意思的情况下订立或者变更劳动合同的；（2）用人单位免除自己法定责任、排除劳动者权利的；（3）违反法律、行政法规强制性规定的。

2. 劳动合同无效的确认。根据《劳动合同法》的规定，在当事人一方主张劳动合同无效而另一方有异议的情形下，则发生关于劳动合同无效的劳动争议，依照劳动争议处理程序，由劳动争议仲裁机构或法院确认。

3. 劳动合同无效的法律后果。（1）劳动合同的全部或部分无效。劳动合同部分无效，是指在合同中部分内容具有相对独立性，且其内容不是当事人主要缔约目的或主要意思表示的条款无效，不影响其他部分效力的，其他部分仍然有效。

对劳动合同全部无效与部分无效的判断，应当有一定的政策考量。从保障劳动者就业考虑，对劳动合同全部无效应当从严把握和谨慎确认。部分无效劳动合同可以通过对无效条款的补正予以"救治"，而转化为完全有效的劳动合同，有利于保障劳动者就业。全部无效劳动合同应当是无法通过补正予以"救治"的合同。

（2）劳动合同被确认无效之前的法律后果。在劳动关系建立、劳动合同订立与劳动合同被确认无效之间的阶段，劳动者一般已给付劳动并取得劳动报酬。由于劳动力的支出具有不可回收性，故无效劳动合同已经履行的部分不能恢复原状。但是，劳动合同被确认无效后，就不能作为确定此阶段劳动权利义务的依据。于是，此阶段的劳动权利义务需要重新确定。

重新确定此阶段的劳动权利义务，应当遵循有利于劳动者的原则。一方面，法律应当确保劳动者不因劳动合同被确认无效而受到损害，尤其是确保劳动者因已付出劳动而应得到的利益；另一方面，不得让用人单位因劳动合同被确认无效而获得不当利益。《劳动合同法》第28条规定，劳动合同被确认无效，劳动者已付出劳动的，用人单位应当向劳动者支付劳动报酬。劳动报酬的数额，参照本单位相同或者相近岗位劳动者的劳动报酬确定。在理论上，有人主张限制劳动合同无效的溯及力，即一般民事合同的无效为自始无效，但劳动合同的无效则只在确认之后发生。

（3）劳动合同被确认无效之后的法律后果。劳动合同被确认无效的法律后果可从以下几个方面进行分析：

①劳动合同的命运。劳动合同被确认无效后，原以无效劳动合同为依据的劳动关系则属于事实劳动关系，应当保障对劳动合同无效无过错的一方在双方当事人主体合格的条件下，对劳动合同是否续享有选择权。故《劳动合同法》未采用《民法典》合同编的可撤销合同制度，而是代之以允许无过错的劳动者或用人单位选择劳动合同解除或存续的制度，即：因用人单位过错导致劳动合同无效的，劳动者可以即时辞职，并获得经济补偿；因劳动者过错导致用人单位意思表示不真实而使劳动合同无效的，用人单位可即时辞退。劳动者不辞职或者用人单位不辞退的，事实劳动关系将可存续。

②有过错当事人的赔偿责任。《劳动合同法》第86条规定，劳动合同依法被确认无效，给对方造成损害的，有过错的一方应当承担赔偿责任。其中，赔偿责任的界定，应当以赔偿实际损害为原则。

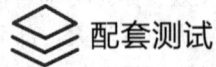
配套测试

✓ 单项选择题

1. 依据《劳动合同法》，已建立劳动关系，未同时订立书面劳动合同的，应当自用工之日起（　　）内订立书面劳动合同。

A. 2个月　　　　B. 1个月　　　　C. 半个月　　　　D. 3个月

2. 甲在A企业连续工作已经满十年，A企业未提出同甲续订劳动合同。因年事已高，甲希望同A企业续订无固定期限劳动合同，则他（　　）。

A. 无权提出要求 B. 应经 A 企业同意
C. 只需向企业提出要求 D. 应经 A 企业工会同意

3. 某公司欲与李某签订一份为期 2 年的劳动合同，试用期不得超过（　　）。
A. 1 个月 B. 6 个月 C. 3 个月 D. 2 个月

4. 依据《劳动合同法》规定，用人单位可以与劳动者约定竞业禁止条款，在解除或终止劳动合同后，竞业禁止的期限不得超过（　　）。
A. 1 年 B. 2 年 C. 3 年 D. 4 年

5. 王某大学毕业后到某通讯集团公司工作，双方订立劳动合同约定：公司对王某进行为期半年的通讯技术专业培训，王某在培训后 3 年之内不能离开公司，如违反则需支付公司违约金 20000 元。到公司报到后，公司对王某进行了培训，并因此支付了专项培训费用总计 15000 元。经培训，王某已胜任工作。2 年后，王某提出辞职，公司要求其支付违约金。下列有关本案的表述正确的是（　　）。
A. 王某无须支付违约金 B. 王某应支付违约金 20000 元
C. 王某应支付违约金 15000 元 D. 王某应支付违约金 5000 元

6. 依据《劳动合同法》第 16 条规定，全日制用工的劳动合同由劳动者与用人单位在下列哪种情况下生效？（　　）
A. 就劳动合同条款协商一致
B. 就劳动合同条款协商一致，并经双方签字或盖章
C. 就劳动合同条款协商一致，并经双方签字和合同鉴证
D. 就劳动合同条款协商一致，并经公证

7. 某高新技术开发公司与某甲签订了一份劳动合同，合同中约定，某甲的主要任务是伪造实验数据。在工作的过程中，由于某甲没有很好地完成任务，该公司依据签订的劳动合同要求其承担违约责任。对此，下列说法正确的是（　　）。
A. 某甲违约，应该承担违约责任
B. 该合同核心内容违反了法律，该合同无效
C. 如果某甲是因为不可抗力的原因而没有完成任务，则可以免责
D. 如果某甲是非因主观原因而没有完成任务，则可以酌情减免违约责任

8. 根据我国有关规定，无效劳动合同所引起的赔偿责任主体应当是（　　）。
A. 用人单位 B. 劳动者
C. 用人单位和劳动者分担 D. 有过错一方的合同主体

9. 订立劳动合同时，用人单位向劳动者收取抵押金的，劳动保障行政部门在责令其限期退还劳动者本人的同时，并以每人（　　）的标准处以罚款。
A. 500 元以上 2000 元以下 B. 1000 元以上 2000 元以下
C. 1000 元以上 5000 元以下 D. 1000 元以上 10000 元以下

10. 用人单位因违反劳动合同未及时足额支付劳动者工资的，由劳动行政部门责令限期支付；逾期不支付的，责令用人单位加付应付金额（　　）的赔偿金。
A. 25% B. 50%~100% C. 50% D. 25%~50%

11. 张某与 A 公司签订了为期 3 年的劳动合同，合同履行 1 年后，A 公司与 B 公司合并为 C 公司，则张某原先与 A 公司之间的劳动合同（　　）。
A. 自然终止 B. 继续有效 C. 应该解除 D. 可以续订

12. 下列不属于劳动合同变更条件的是（　　）。
A. 签订书面协议 B. 当事人双方协商同意
C. 劳动者申请调离单位 D. 企业转产

13. 一般情况下，在非试用期内的劳动者解除劳动合同，应当提前（   ）以（   ）形式通知用人单位。

A. 30 日，书面或口头　　　　　　　　B. 30 日，书面

C. 1 个月，书面或口头　　　　　　　　D. 15 日，口头

14. 以下关于劳动合同解除的表述，哪项是错误的？（   ）

A. 出现法定或约定解除事由，劳动合同自动解除

B. 劳动合同解除可分为法定解除和协商解除

C. 劳动合同的解除是指有效劳动合同在期限届满之前终止

D. 当事人双方协商解除劳动合同不得显著损害任何一方利益

15. 某施工单位没有依法为劳动者缴纳社会保险费用，则该劳动者（   ）。

A. 可以解除合同，但是应该提前 30 天通知用人单位

B. 不可以解除合同，只可以通过法律途径来解决支付报酬的问题

C. 可以随时通知用人单位解除合同

D. 需要与用人单位协商后才可以解除合同

16. 劳动者在试用期间被证明不符合录用条件的，用人单位可以以下方式解除劳动合同，具体是（   ）。

A. 与劳动者协商一致后解除　　　　　　B. 提前 30 天书面通知劳动者本人

C. 提前 3 天书面告知劳动者本人　　　　D. 无须提前通知，可以即时解除

17. A 公司在刘某与 B 公司签订的劳动合同有效期内，许诺给刘某更高的报酬，与刘某签订了劳动合同，给 B 公司造成了经济损失，A 公司对此应承担（   ）。

A. 行政责任　　　　　　　　　　　　　B. 说服刘某回 B 公司工作的责任

C. 解除与刘某签订的合同的责任　　　　D. 连带赔偿责任

18. 用人单位依法进行裁减人员时，需要裁减人员 20 人以上或者裁减不足 20 人但占企业职工总数 10%以上的，应当提前（   ）向工会或全体职工说明情况，听取工会或者职工的意见。

A. 10 日　　　　B. 15 日　　　　C. 30 日　　　　D. 50 日

19. 用人单位依法裁员后，在（   ）内录用人员的，应当优先录用被裁减的人员。

A. 1 个月　　　　B. 3 个月　　　　C. 6 个月　　　　D. 1 年

20. 用人单位可以解除劳动合同的情形是（   ）。

A. 劳动者在试用期间被证明不符合录用条件的

B. 劳动者患病或负伤，在规定的医疗期内

C. 女职工在孕期、产期、哺乳期的

D. 劳动者患职业病并被确认丧失劳动能力的

21. 某女职工在哺乳期内由于严重失职给用人单位造成重大损害，则（   ）。

A. 用人单位在该女职工哺乳期满后可以解除劳动合同

B. 用人单位可以解除劳动合同，但应该提前通知该女职工

C. 用人单位不可以解除劳动合同

D. 用人单位可以随时解除与该女职工的劳动合同

22. 甲乙两人在机械厂的同一车间工作，某日上班时，甲因疏忽大意，操作不当，致乙右臂伤残。下列表述中，正确的是（   ）。

A. 假设乙不能从事原来的工作，也不能由机械厂另行安排工作，则机械厂可以解除与乙的劳动合同

B. 乙所受损失可以向机械厂要求承担责任

C. 机械厂工会对该厂解除与甲或乙的劳动合同无权提出意见

D. 机械厂在对乙作出相应经济赔偿的前提下可以解除与乙的劳动合同

23. 劳务派遣公司的注册资本最低限额为（　　）。

A. 10万元　　　　B. 50万元　　　　C. 200万元　　　　D. 500万元

24. 钱某在某厂工作了5个月，该厂濒临破产，钱某因此被解除劳动合同。依法律规定，该厂应付给钱某相当于（　　）工资的经济补偿金。

A. 3个月　　　　B. 半个月　　　　C. 1个月　　　　D. 5个月

25. 对于用人单位解除劳动合同确有错误的，人民法院可以（　　）。

A. 发回重审　　　　　　　　　　B. 予以变更

C. 依法判决予以撤销　　　　　　D. 驳回起诉

26. 张某在工作中因违反操作规程导致公司设备受损，直接经济损失3万元。张某的月工资为4000元，当地最低工资标准为每月3000元。现公司决定从张某的月工资中扣除设备损失赔偿金，直到公司损失收回。下列扣款方案中，哪一项符合劳动法的规定？（　　）

A. 按照本人月工资的20%计算，每月扣除800元

B. 按照扣除后的余额不低于当地最低工资标准计算，每月扣除1000元

C. 按照A、B方案平均计算，每月扣除900元

D. 按照张某与公司的五年合同期平均计算，每月扣除500元

27. 关于非全日制用工的说法，下列哪一选项不符合《劳动合同法》的规定？（　　）

A. 从事非全日制用工的劳动者与多个用人单位订立劳动合同的，后订立的合同不得影响先订立合同的履行

B. 非全日制用工合同不得约定试用期

C. 非全日制用工终止时，用人单位应当向劳动者支付经济补偿

D. 非全日制用工劳动报酬结算支付周期最长不得超过十五日

28. 王某，2002年出生，于2024年2月1日入职某公司，从事后勤工作，双方口头约定每月工资为人民币3000元，试用期1个月。2024年6月30日，王某因无法胜任经常性的夜间高处作业而提出离职，经公司同意，双方办理了工资结算手续，并于同日解除了劳动关系。同年8月，王某以双方未签书面劳动合同为由，向当地劳动争议仲裁委申请仲裁，要求公司再支付工资12000元。

关于该劳动合同的订立与解除，下列说法正确的是（　　）。

A. 王某与公司之间视作已订立无固定期限劳动合同

B. 该劳动合同期限自2012年3月1日起算

C. 该公司应向王某支付半个月工资的经济补偿金

D. 如王某不能胜任且经培训仍不能胜任工作，公司提前30日以书面形式通知王某，可将其辞退

29. 关于违反《劳动合同法》的法律责任，下列哪一说法是错误的？（　　）

A. 用人单位自用工之日起超过1个月不满1年未与劳动者订立书面劳动合同的，应当向劳动者每月支付2倍的工资

B. 用人单位违反本法规定不与劳动者订立无固定期限劳动合同的，自应当订立无固定期限劳动合同之日起向劳动者每月支付2倍的工资

C. 用人单位未按照劳动合同的约定或者国家规定及时足额支付劳动者劳动报酬的，由劳动行政部门责令限期支付劳动报酬、加班费或者经济补偿；同时责令用人单位按应付金额50%以上100%以下的标准向劳动者加付赔偿金

D. 用人单位违反本法规定解除或者终止劳动合同的，应当依照本法规定的经济补偿标准的2倍向劳动者支付赔偿金

30. 甲公司与乙于 2020 年 1 月 8 日签订劳动合同，为期 1 年，在这期间乙为甲公司撰写《甲公司发展史》，2020 年 12 月 8 日，乙外出旅游受伤休息了三个月，2021 年 6 月 8 日，乙向甲公司交付了该资料。问甲公司与乙的劳动合同期限到期时间为（　　）。

A. 2021 年 1 月 8 日　　　　　　　　　　B. 2021 年 3 月 8 日
C. 2021 年 4 月 8 日　　　　　　　　　　D. 2021 年 6 月 8 日

31. 张三系甲律师事务所律师，甲律所是完全公司化运营的律所，为提升其业务能力，甲律所与张三签订协议，由律所支付 15 万元将其派往英国学习英语，张三学成归来需在甲律所工作 5 年，律所为其涨薪 20%。张三学成归来甲律所并未按照约定涨薪，张三遂提出辞职。下列说法不违反《劳动法》的规定是（　　）。

A. 甲律所有权要求张三支付违约金 15 万元
B. 甲律所主张张三对律所不忠，有权拒绝按照约定涨薪 20% 的请求
C. 甲律所可以张三让律所主任不快为由，主张解除劳动合同
D. 张三可以律所未按约定涨薪 20% 为由，拒不支付违约金

32. 2023 年 1 月，张某入职飞信科技有限公司，担任总经理。至 2024 年 3 月，公司一直未与其签订书面劳动合同。为方便开展业务，公司为张某配置了一辆小轿车，2024 年 10 月，张某离职并要求公司支付双倍工资，遭到拒绝。张某遂将汽车留置，公司要求其返还。对此，下列说法正确的是？（　　）

A. 张某可以留置该汽车
B. 张某应当向公司返还汽车
C. 张某有权主张 2023 年 2 月至离职之日的双倍工资
D. 张某可直接向法院主张要求公司支付双倍工资

33. 2021 年 1 月，蒋某与甲公司签订了为期 3 年的劳动合同。2023 年 2 月，甲公司提供专项培训费用外派蒋某出国接受专业技术培训 1 年，出国前双方签订了一份补充协议，约定蒋某回国后须在甲公司服务 5 年。2024 年 3 月，蒋某回国后并未到甲公司上班。事后，甲公司几经查询，得知蒋某受聘于本市乙企业。甲公司经与蒋某、乙企业多次交涉无果后，申请劳动仲裁。关于本案，下列哪些选项是正确的？（　　）

A. 因非法限制了蒋某的劳动权，该补充协议无效
B. 因超过了劳动合同的期限，该补充协议逾期的部分无效
C. 甲公司有权解除与蒋某的劳动合同
D. 乙企业不承担赔偿责任

☑ 多项选择题

1. 下列有关劳动合同法律特征的论述中，正确的有（　　）。

A. 劳动合同属于实践性合同　　　　　　B. 劳动合同属于议商合同
C. 劳动合同属于双务合同　　　　　　　D. 劳动合同属于有偿合同

2. 下列关于劳动合同与劳务合同区别的表述，正确的是（　　）。

A. 当事人构成不同　　　　　　　　　　B. 性质不同
C. 报酬性质不同　　　　　　　　　　　D. 法律适用不同

3. 按照劳动合同期限的不同，劳动合同可分为（　　）。

A. 固定期限的劳动合同　　　　　　　　B. 无固定限期的劳动合同
C. 长期劳动合同　　　　　　　　　　　D. 以完成一定工作任务为期限的劳动合同

4. 中国境内的下列主体与劳动者订立劳动合同，须遵循《劳动合同法》规定的是（   ）。
   A. 个体工商户   B. 外资企业   C. 民办高校   D. 公办高校
5. 依《劳动合同法》第 3 条规定，订立劳动合同应遵循的原则包括（   ）。
   A. 平等自愿   B. 协商一致   C. 诚实信用   D. 合法、公平
6. 下列情形签订的劳动合同，无效或部分无效的有（   ）。
   A. 甲公司与劳动者乙约定，乙的工作内容是在衣服中夹带黄金交予深圳某人
   B. 某公司招聘启事中称，拟招聘文员 3 名。劳动者在签订劳动合同后，发现他们的实际工作是筛选砂石
   C. 用人单位甲与劳动者乙签订的劳动合同中缺少劳动保护条款
   D. 甲与乙签订的劳动合同约定"工伤事故概不负责"
7. 有权确认劳动合同无效的机关有（   ）。
   A. 中华全国总工会   B. 人民法院
   C. 劳动争议仲裁委员会   D. 劳动行政部门
8. 在用人单位（   ）情形下，劳动者依法可以单方解除合同。
   A. 未按照劳动合同约定提供劳动保护或者劳动条件的
   B. 未及时足额支付劳动报酬的
   C. 未依法为劳动者缴纳社会保险费的
   D. 用人单位的规章制度违反法律、法规的规定，损害劳动者权益的
9. 下列情形中，劳动者可随时通知用人单位解除劳动合同的是（   ）。
   A. 用人单位规定未结婚者缔结合同后 3 年内不得结婚
   B. 单位保安殴打劳动者、强迫劳动者劳动
   C. 支付的工资低于社会平均工资水平
   D. 用人单位随意加班加点
10. 有下列（   ）情形之一的，用人单位可以解除劳动合同。
   A. 被依法追究刑事责任的
   B. 在试用期间被证明不符合录用条件的
   C. 劳动者同时与其他用人单位建立劳动关系，经用人单位提出，拒不改正的
   D. 劳动者同时与其他用人单位建立劳动关系，对完成本单位的工作任务造成严重影响
11. 下列属于用人单位预告解除劳动合同条件的是（   ）。
   A. 劳动者患病或者非因工负伤，在规定的医疗期满后不能从事原工作，也不能从事由用人单位另行安排的工作的
   B. 劳动者不能胜任工作，经过培训或者调整工作岗位，仍不能胜任工作的
   C. 劳动合同订立时所依据的客观情况发生重大变化，致使劳动合同无法履行，经用人单位与劳动者协商，未能就变更劳动合同内容达成协议的
   D. 女职工在孕期、产期、哺乳期的
12. 在某国有企业工作的吴某，在向该企业递交辞职书的第 2 日不辞而别，对这种违反劳动法规定解除劳动合同的行为，该企业决定向仲裁委员会申请仲裁。该企业有权要求吴某赔偿单位下列哪些损失？（   ）
   A. 该单位招收录用吴某时向有关管理单位机构交纳的 200 元行政管理费
   B. 企业为培养吴某，曾派他到国外学习，企业为此支付的培训费用 1 万元
   C. 由于吴某不辞而别，企业没有及时找到人员顶替吴某的工作，由此给企业造成直接经济损失 2 万元

D. 由于吴某不辞而别，给该企业生产造成间接经济损失 4 万元

13. 用人单位依法裁减人员时，应优先留用的人员包括（　　）。
A. 与本单位订立较长期限的固定期限劳动合同的
B. 与本单位订立无固定期限劳动合同的
C. 家庭无其他就业人员，有需要扶养的老人或者未成年人的
D. 高级管理人员

14. 某公司欲解除与职工李某之间的劳动合同，其所提出的如下解约理由或做法中，哪些是有法律依据的？（　　）
A. 李某经过培训仍不能胜任现工作
B. 李某不满 25 周岁而结婚，违反了公司关于男职工满 25 周岁才能结婚的规定
C. 公司因严重亏损而决定裁员
D. 李某非因公出车祸受伤住院，公司向李某送去 3 个月工资并通知其解除劳动合同

15. 下列情形中，属于劳动合同终止的是（　　）。
A. 劳动合同期限届满
B. 劳动者开始依法享受基本养老保险待遇的
C. 企业宣告破产或依法被撤销
D. 劳动者死亡或者被人民法院宣告死亡

16. 用人单位应当向劳动者支付经济补偿的情形包括（　　）。
A. 经济性裁员
B. 用人单位被依法宣告破产而终止劳动合同的
C. 劳动合同期限届满
D. 无过错性辞退

17. 依《劳动合同法》，下列关于经济补偿金支付的表述错误的是（　　）。
A. 工作时间不满 1 年的按 1 年的标准发给经济补偿金
B. 经济补偿金的工资计算标准是指劳动者解除合同前 12 个月的企业月平均工资
C. 劳动者月工资高于本地区上年度职工月平均工资 3 倍的，向其支付的经济补偿金不超过 12 个月
D. 劳动者的月平均工资低于企业月平均工资的，按劳动者月平均工资的标准支付

18. 2024 年 2 月，下列人员向所在单位提出订立无固定期限劳动合同，哪些人具备法定条件？（　　）
A. 赵女士于 2010 年 1 月到某公司工作，2014 年 2 月辞职，2017 年 1 月回到该公司工作
B. 钱先生于 2000 年进入某国有企业工作。2021 年 3 月，该企业改制成为私人控股的有限责任公司，年满 50 岁的钱先生与公司签订了 3 年期的劳动合同
C. 孙女士于 2015 年 2 月进入某公司担任技术开发工作，签订了为期 3 年、到期自动续期 3 年且续期次数不限的劳动合同。2024 年 1 月，公司将孙女士提升为技术部副经理
D. 李先生原为甲公司的资深业务员，于 2023 年 2 月被乙公司聘请担任市场开发经理，约定：先签订 1 年期合同，如果李先生于期满时提出请求，可以与公司签订无固定期限劳动合同

19. 关于当事人订立无固定期限劳动合同，下列哪些选项是符合法律规定的？（　　）
A. 赵某到某公司应聘，提议在双方协商一致的基础上订立无固定期限劳动合同
B. 王某在某公司连续工作满 10 年，要求与该公司签订无固定期限劳动合同
C. 李某在某国有企业连续工作满 10 年，距法定退休年龄还有 12 年，在该企业改制重新订立劳动合同时，主张企业有义务与自己订立无固定期限劳动合同

D. 杨某在与某公司连续订立的第二次固定期限劳动合同到期，公司提出续订时，杨某要求与该公司签订无固定期限劳动合同

20. 赵某于 2024 年 4 月 2 日应聘到某公司工作，双方没有签订劳动合同。3 个月后的一天，赵某在工作中受伤，要求公司支付医疗费并享受工伤待遇，公司以未与赵某签订劳动合同，不存在劳动关系为由予以拒绝。对此，下列哪些选项是错误的？（　　）

A. 赵某与公司未签订劳动合同，劳动关系无从确认
B. 赵某与公司之间的劳动关系自赵某开始工作之日起已建立
C. 赵某有权要求公司支付医疗费，但无权享受工伤待遇
D. 公司应当自 2024 年 4 月 2 日起向赵某每月支付二倍的工资

21. 2024 年 1 月，王某应聘到甲公司工作。甲公司依据与王某签订的劳动合同，向王某收取了 2000 元押金。对此，下列哪些选项是正确的？（　　）

A. 只要王某同意，收取押金就合法
B. 无论王某是否同意，甲公司均无权要求交纳押金
C. 劳动行政部门应责令甲公司限期退还押金
D. 劳动行政部门应对甲公司处以押金数额二倍的罚款

22. 下列哪些说法违反劳动法的规定？（　　）

A. 我国公民未满 16 岁的，用人单位一律不得招用
B. 双方当事人不可以约定周六加班
C. 劳动合同期限约定为 2 年的，试用期应在半年以上
D. 双方当事人可就全部合同条款做出违约金约定

23. 某公司从事出口加工，有职工 500 人。因受国际金融危机影响，订单锐减陷入困境，拟裁减职工 25 人。公司决定公布后，职工提出异议。下列哪些说法缺乏法律依据？（　　）

A. 职工甲：公司裁减决定没有经过职工代表大会批准，无效
B. 职工乙：公司没有进入破产程序，不能裁员
C. 职工丙：我一家 4 口，有 70 岁老母 10 岁女儿，全家就我有工作，公司不能裁减我
D. 职工丁：我在公司销售部门曾连续 3 年评为优秀，对公司贡献大，公司不能裁减我

24. 甲厂与工程师江某签订了保密协议。江某在劳动合同终止后应聘至同行业的乙厂，并帮助乙厂生产出与甲厂相同技术的发动机。甲厂认为保密义务理应包括竞业限制义务，江某不得到乙厂工作，乙厂和江某共同侵犯其商业秘密。关于此案，下列哪些选项是正确的？（　　）

A. 如保密协议只约定保密义务，未约定支付保密费，则保密义务无约束力
B. 如双方未明确约定江某负有竞业限制义务，则江某有权到乙厂工作
C. 如江某违反保密协议的要求，向乙厂披露甲厂的保密技术，则构成侵犯商业秘密
D. 如乙厂能证明其未利诱江某披露甲厂的保密技术，则不构成侵犯商业秘密

25. 某厂工人田某体检时被初诊为脑瘤，万念俱灰，既不复检也未经请假就外出旅游。该厂以田某连续旷工超过 15 天，严重违反规章制度为由解除劳动合同。对于由此引起的劳动争议，下列哪些说法是正确的？（　　）

A. 该厂单方解除劳动合同，应事先将理由通知工会
B. 因田某严重违反规章制度，无论是否在规定的医疗期内该厂均有权解除劳动合同
C. 如该厂解除劳动合同的理由成立，无须向田某支付经济补偿金
D. 如该厂解除劳动合同的理由违法，田某有权要求继续履行劳动合同并主张经济补偿金 2 倍的赔偿金

26. 姚某于 2024 年 3 月 8 日进入红海公司工作，双方未签订书面劳动合同，红海公司也未给姚某缴纳基本养老保险费，姚某向社保机构缴纳了基本养老保险费。同年 12 月 8 日，姚某以红海公司未为其缴纳社会保险为由申请辞职。经查，姚某的工资属于所在地最低工资标准额。关于此事，下列哪些说法是正确的？（   ）

A. 姚某自 2024 年 3 月 8 日起即与红海公司建立劳动关系

B. 红海公司自 2024 年 4 月 8 日起，应向姚某每月支付两倍的工资

C. 姚某应参加新型农村社会养老保险，而不应参加基本养老保险

D. 姚某就红海公司未缴基本养老保险费而发生争议的，可要求社保行政部门或社保费征收机构处理

27. 某市混凝土公司新建临时搅拌站，在试运行期间通过暗管将污水直接排放到周边，严重破坏当地环境。公司经理还指派员工潜入当地环境监测站内，用棉纱堵塞空气采集器，造成自动监测数据多次出现异常。有关部门对其处罚后，公司生产经营发生严重困难，拟裁员 20 人以上。

当该公司裁员时，下列说法正确的是（   ）。

A. 无须向劳动者支付经济补偿金

B. 应优先留用与本公司订立无固定期限劳动合同的职工

C. 不得裁减在该公司连续工作满 15 年的女职工

D. 不得裁减非因公负伤且在规定医疗期内的劳动者

28. 2024 年 1 月，甲公司因扩大规模，急需客服人员，遂委托乙劳务派遣公司派遣 5 名员工。随后，乙劳务派遣公司将已签订劳动合同的张某等五人派遣至甲公司。对此，下列说法错误的是（   ）。

A. 甲公司应当为张某缴纳工伤保险

B. 乙公司应当为张某缴纳工伤保险

C. 张某与甲公司形成劳动关系

D. 如果张某在工作中造成他人受伤，应当由甲公司和乙公司承担连带责任

29. 邓某系 K 公司技术主管。2023 年 2 月，邓某私自接受 Y 公司聘请担任其技术顾问。5 月，K 公司得知后质问邓某，邓某表示自愿退出 K 公司，并承诺 5 年内不以任何直接或间接方式在任何一家制药公司任职或提供服务，否则将向 K 公司支付 50 万元违约金。2024 年，K 公司发现邓某已担任 Y 公司的副总经理，并持有 Y 公司 20% 股份，而且 Y 公司新产品采用的是 K 公司研发的配方。K 公司以 Y 公司和邓某为被告提起侵犯商业秘密的诉讼。请回答第（1）、（2）题。

（1）关于 Y 公司和邓某的行为，下列说法正确的是（   ）。

A. Y 公司的行为构成侵犯他人商业秘密的侵权行为

B. 邓某的行为构成侵犯他人商业秘密的侵权行为

C. Y 公司的行为违反竞业禁止义务

D. 邓某的行为违反竞业禁止义务

（2）案件审理期间邓某提出，本案纠纷起因于自己与 K 公司的劳动关系，应属劳动争议案件，故 K 公司应向劳动争议仲裁机构提起仲裁申请，遂请求法院裁定驳回起诉。关于该主张，下列说法正确的是（   ）。

A. 侵犯商业秘密本质上属于侵权，违反竞业禁止本质上属于违约

B. 本案存在法律关系竞合，K 公司有选择权

C. 劳动关系优先于商事关系

D. 邓某的主张应予支持

30. 甲公司派遣职工严某到乙公司工作。甲公司提前 30 天通知严某，由于与乙公司之间的劳务派遣协议即将到期，要求严某与其推荐的丙劳务公司签订劳动合同，或者双方协商解除劳动合

同，但均被严某拒绝。30 天后，甲公司解除了与严某的劳动合同。严某认为甲公司单方解除劳动合同违法，申请仲裁，要求甲公司支付赔偿金。对此，下列哪些说法是不正确的？（   ）

    A. 甲公司有权解除劳动合同，但应支付经济补偿金

    B. 甲公司解除劳动合同违法，但若其愿意继续履行原劳动合同，则无须支付赔偿金

    C. 若应支付赔偿金，应由甲公司承担

    D. 若应支付赔偿金，乙公司应承担连带责任

31. 贵兴公司频繁加班，引起职工抗议。随后，职工大会与贵兴公司签订集体劳动合同。则以下说法正确的是（   ）

    A. 贵兴公司与工会约定，每月加班 48 小时，每年补 5 天年假

    B. 新入职员工小李签订补充告知协议后，才能享受集体合同待遇

    C. 用人单位之后的福利水平不得低于集体合同待遇

    D. 若履行集体合同发生争议，经协商解决不成，工会可以依法申请仲裁、提起诉讼

32. 甲餐饮公司欲招聘小时工，张三前来应聘，该公司人力主管告知张三每周工作 7 天，每天工作 3 小时，试用期 1 个月，工资月付。张三提出乙家政公司要求每周工作 6 天，每天工作 2 小时且不规定试用期，该家政公司拟录用他。已知两家公司均采取时薪制，甲餐饮公司提出下列什么条件才可以聘用张三？（   ）

    A. 将工资月付改成 15 天付

    B. 将每天的工作时间改成每天 4 小时

    C. 将试用期由一个月改 15 天

    D. 允许张三在不影响本公司工作的情况下同时在另外两家公司上班

33. "双十一"期间经过预热直播，谷德有限公司小家电热度颇高，现有客服人员数量紧张，遂委托友人派遣公司派遣 6 名员工至本公司。随后，友人派遣公司依约将包括关某在内的 6 名员工派遣至谷德有限公司担任客服。对此，下列说法错误的是（   ）。

    A. 应由谷德有限公司为关某缴纳社会保险

    B. 应由友人派遣公司为关某缴纳工伤保险

    C. 自关某派遣至谷德有限公司之日起，关某与谷德有限公司建立劳动关系

    D. 若关某在工作中致他人受伤，谷德有限公司与友人派遣公司应承担连带责任

34. 关于劳动合同的解除，下列说法正确的是（   ）。

    A. 甲公司拖欠张三工资，张三可以解除劳动合同

    B. 乙公司未依法为李四缴纳社会保险，李四可以解除劳动合同

    C. 王五在试用期间迟到 1 次，甲公司可以解除劳动合同

    D. 赵六严重违反规章制度，乙公司可以解除劳动合同

35. 刘某于 2023 年 1 月 1 日起在奔图公司工作，从事喷漆工作，但是双方未签订书面劳动合同。因为奔图公司拖欠工资，甲遂于 2024 年 6 月 1 日离职，2024 年 7 月 1 日，刘某向劳动仲裁委员会提起仲裁。下列说法正确的是（   ）。

    A. 应视为双方存在无固定期限劳动合同

    B. 刘某有权请求奔图公司向其支付 17 个月的双倍工资

    C. 2018 年 7 月 1 日刘某申请仲裁，尚未超过仲裁时效

    D. 奔图公司应向刘某支付两个月工资的经济补偿金

36. 甲公司章程规定，本公司的技术总监属于公司的高级管理人员。甲公司与技术总监李某签订保密协议约定，违反保密协议给公司造成损失的应当承担 20 万元违约金。后李某违反保密协议的约定，自行成立了一家乙公司并将其掌握的甲公司的核心商业信息泄露给乙公司。下列说法

正确的是的是（　　）。

A. 甲公司可向李某主张赔偿
B. 甲公司可向乙公司主张赔偿
C. 甲公司可向乙公司主张约定的 20 万元违约金
D. 公司章程约定技术总监李某是高级管理人员的内容无效

37. 某户要请人上门安装盥洗池，因家中已有旧盥洗池，需先拆除再进行新池安装。工人称拆除要收费，商家称他们只向第三方购买了安装服务，不包括拆除，买方就单独给工人支付了拆除费 50 元，拆除旧机器的过程中损坏了墙 40 元，安装新机器的过程中工人不小心打碎了一个杯子 60 元。下列说法正确的是（　　）。

A. 商家支付 150 元　　　B. 工人赔付 40 元　　　C. 商家赔付 60 元　　　D. 工人赔付 100 元

38. 张某跟甲公司签订有竞业限制和保密义务的协议，乙公司仍高薪聘请张某并获取其提供的技术资料，下列有关说法错误的是（　　）。

A. 乙公司通过正常的招聘流程录用技术人员，属正常的经营行为
B. 乙公司并没有胁迫张某披露甲公司的技术资料，并无不正当竞争行为
C. 乙公司的行为侵犯了甲公司的商业秘密
D. 乙公司的行为情节严重的，监督检查部门可吊销其营业执照

39. 小李是甲科技公司的保安人员，小张是甲科技公司的前台行政人员。二人入职甲公司时签订的劳动合同中均附带了甲公司的相关规章制度，其中约定了相同的竞业限制条款：离职后两年内不得去相同或近似业务或有竞争关系的公司任职，且经济补偿金标准为员工劳动合同解除或终止前 12 个月平均工资的 30%。2025 年 9 月 15 日小李、小张计划从甲公司离职。关于竞业限制条款，以下说法中法院支持的有（　　）。

A. 小李认为自己只是保安人员，未接触甲公司商业秘密，主张竞业限制条款无效
B. 小张认为自己只是行政人员，有接触甲公司一定的商业秘密信息，但竞业限制条款已超出合理比例，主张超出合理比例部分无效
C. 小张认可竞业限制条款对自己的约束力，但由于劳动合同解除前 12 个月的平均工资低于本地最低工资，主张甲公司以最低工资标准的 30% 支付经济补偿金
D. 小张认为其在职期间虽有接触一定的商业秘密信息，但法律并未允许约定在职期间竞业限制且公司未支付经济补偿，故竞业限制条款无效

不定项选择题

1. 下列关于劳动合同的表述中，错误的是（　　）。

A. 企业承包合同是劳动合同　　　　　　B. 聘用合同不是劳动合同
C. 劳务合同不是劳动合同　　　　　　　D. 个人雇工合同是劳动合同

2. 劳动合同的形式（　　）。

A. 一律采用书面形式
B. 应当采用当事人约定的形式
C. 一般应当是书面，特殊情形可以是口头
D. 不可以采用口头形式

3. 依据《劳动合同法》，用人单位自用工之日起满 1 年未与劳动者订立书面劳动合同的，所产生的法律后果可能有（　　）。

A. 劳动关系有效，支付 2 倍月工资
B. 终止劳动关系，支付劳动者工资

C. 劳动关系无效
D. 视为同劳动者已签订无固定期限劳动合同

4. 下列关于试用期规定的表述中，错误的是（　　）。
A. 约定的试用期不得超过 6 个月
B. 在试用期内，劳动者可随时提出解除劳动合同
C. 同一用人单位与同一劳动者只能约定一次试用期
D. 劳动合同期限不满 3 个月的，可以约定试用期

5. 用人单位可以与（　　）约定竞业禁止条款。
A. 董事长　　　　　B. 高级技术人员　　　　　C. 总经理　　　　　D. 销售部主管

6. 下列关于劳动合同履行的说法正确的是（　　）。
A. 用人单位拖欠或者未足额支付劳动报酬的，劳动者可依法向法院申请支付令
B. 劳动者拒绝用人单位管理人员违章指挥、强令冒险作业的，违反了劳动合同
C. 劳动者对危害生命安全的劳动条件，有权对用人单位提出批评、检举和控告
D. 用人单位变更名称、法定代表人或者投资人等事项，不影响劳动合同的履行

7. 劳动者不能胜任工作，经过培训或者调整工作岗位，仍不能胜任工作的，用人单位可以通过（　　）解除劳动合同。
A. 提前 30 日书面通知劳动者本人　　　　　B. 无须通知
C. 额外支付劳动者 2 个月工资　　　　　D. 额外支付劳动者 1 个月工资

8. 甲饭店招用乙为服务员，双方签有聘用协议，后双方发生争议。根据设定的情况，下列哪一选项是正确的？（　　）
A. 因甲威胁强迫乙加夜班，乙可随时通知解除合同
B. 因甲未按照聘用合同的约定付给乙工资，乙可随时通知甲解除劳动合同
C. 在试用期内，乙可随时通知甲解除劳动合同
D. 甲没有按照约定提供劳动条件，乙有权随时通知甲解除合同

9. 李某（17 周岁）是甲公司招用的职工，双方订立了书面劳动合同。在试用期内，李某为发泄对公司的不满，在公司生产的饮料中放入了污物，影响了公司的声誉，并导致公司遭受重大经济损失。请判断下列表述正确的是（　　）。
A. 李某与甲公司之间成立的劳动合同无效
B. 甲公司不能解除与李某的劳动合同
C. 甲公司可以即时解除与李某的劳动合同
D. 甲公司应提前 30 天通知李某方能解除劳动合同

10. 下列情形下，用人单位可以依法进行裁员的是（　　）。
A. 依照企业破产法规定进行重整的
B. 生产经营发生严重困难的
C. 企业转产、重大技术革新或者经营方式调整
D. 所欠债务较多

11. 下列情形下，用人单位不能进行裁员的是（　　）。
A. 在本单位患职业病或者因工负伤并被确认部分丧失劳动能力的
B. 在本单位连续工作满 15 年，且距法定退休年龄不足 10 年的
C. 从事接触职业病危害作业的劳动者未进行离岗前职业健康检查的
D. 患病或者非因工负伤，在规定的医疗期内的

12. 王某系某钢铁公司的职工，其在怀孕期间不能胜任原来的工作，因此要求公司调整，公司以此为借口与王某解除了劳动合同。王某不服，下列说法正确的是（   ）。

A. 公司可以与王某解除劳动合同，但应提前30日书面通知王某

B. 公司应安排王某到其他工作岗位，仍不能胜任的，方可解除劳动合同

C. 公司应经工会同意方可解除与王某的劳动合同

D. 公司不能解除与王某的劳动合同

13. 在下列何种情况下，用人单位不得解除劳动合同？（   ）

A. 职工李某怀孕期间被判刑

B. 职工陈某严重失职，给单位造成重大损害

C. 职工徐某因与他人同居而怀孕

D. 职工王某在医疗期内严重违反用人单位规章制度

14. 用人单位可以解除劳动合同且不需给予经济补偿的情形包括（   ）。

A. 劳动者不能胜任工作，经过培训或者调整工作岗位，仍不能胜任原工作的

B. 劳动者在试用期内被证明不符合录用条件的

C. 劳动者严重违反劳动纪律或者用人单位规章制度的

D. 劳动者被依法追究刑事责任的

15. 某民办科研所与技术员周某签订劳动合同，约定由周某承担科研所的一个产品开发项目。开发过程中，由于资金缺乏，项目被迫下马。科研所决定与周某解除劳动关系。对此，该单位法律顾问提供的下列建议不符合法律有关规定的有（   ）。

A. 告知周某当初聘用他的工作岗位已不存在

B. 至少提前30天向周某发出书面通知

C. 先安排周某到后勤岗位且工资收入大幅降低，如他拒绝就可以解雇

D. 如周某同意解除劳动合同可与单位签订解约协议，单位支付经济补偿；如周某不同意签订解约协议，单位有权单方解约并不必支付经济补偿

16. 用人单位可以不支付劳动者经济补偿金的情况有（   ）。

A. 劳动者同时与其他用人单位建立劳动关系，对完成本单位的工作任务造成严重影响而解除劳动合同的

B. 经过培训、调整工作岗位，仍不能胜任工作而解除劳动合同的

C. 双方协商一致，由劳动者提出解除劳动合同的

D. 劳动者开始享受基本养老保险待遇的

17. 下列说法错误的是（   ）。

A. 用人单位违反法律规定解除或者终止劳动合同，劳动者要求继续履行劳动合同的，用人单位应当继续履行

B. 用人单位违反法律规定解除或者终止劳动合同，劳动合同已经不能继续履行的，用人单位应当支付双倍的经济补偿金

C. 用人单位终止劳动合同，超出劳动行政部门责令的限期仍未依法向劳动者支付经济补偿的，应按应付金额150%的标准向劳动者加付赔偿金

D. 用人单位违法解除或者终止劳动合同，劳动者不要求继续履行劳动合同的，用人单位应当支付150%的经济补偿金

18. 下列关于劳务派遣的表述错误的是（   ）。

A. 用工单位可以将被派遣劳动者再派遣到其他用人单位

B. 用人单位可以设立劳务派遣单位向本单位或者所属单位派遣劳动者

C. 劳务派遣单位应当将劳务派遣协议的内容告知被派遣劳动者

D. 被派遣劳动者可以同用工单位协商解除劳动合同

19. 下列关于非全日制用工的表述正确的是（　　）。

A. 终止用工，用人单位不必向劳动者支付经济补偿

B. 非全日制用工双方当事人任何一方都可以随时通知对方终止用工

C. 非全日制用工双方当事人应当订立书面劳动合同

D. 非全日制用工双方当事人可以约定试用期

20. 劳务派遣单位松园公司与用工单位天利公司协商劳务派遣协议的下列条款中，不符合法律规定的有（　　）。

A. 李某在天利公司的工作岗位，可不在劳务派遣协议中约定，由天利公司根据需要灵活决定

B. 李某在天利公司的工作期限，可以在劳务派遣协议中约定为四个周期，每个周期为半年，每个周期结束前订立新的劳务派遣协议

C. 李某在天利公司的劳动报酬，应当在劳务派遣协议中约定

D. 双方对劳务派遣协议的内容负保密义务，不得向包括李某在内的任何人披露

21. 劳务派遣单位松园公司和用工单位天利公司对李某的下列做法中，不符合法律规定的有（　　）。

A. 松园公司与李某签订到期可续签的一年期劳动合同

B. 松园公司从李某每月工资中提取5%作为员工集体福利费

C. 天利公司要求李某缴纳5000元岗位责任保证金

D. 天利公司告知李某无权参加本公司工会

22. 用工单位天利公司将李某再派遣到自己的子公司，被李某拒绝。天利公司遂以李某不服从工作安排为由将其退回劳务派遣单位松园公司。随后，劳务派遣单位松园公司以李某已无工作为由解除劳动合同。对此，下列表述错误的是（　　）。

A. 天利公司可以对李某进行再派遣，但不能因李某拒绝而将其退回

B. 松园公司不得因李某已无工作而解除劳动合同

C. 李某可以将天利公司或者松园公司作为被申请人，申请劳动争议仲裁

D. 李某可以就其因劳动合同解除而受到的损失，请求天利公司和松园公司共同承担赔偿责任

23. 依照《劳动合同法》规定，企业在重整期间需要裁减人员时，应采取的程序是（　　）。

A. 应当向工会或全体职工说明情况，听取意见

B. 应当召集职工代表大会，对裁员方案进行表决

C. 裁员方案应当公布，并允许被裁减人员提出异议

D. 裁员方案实施前，应当向劳动行政部门报告

24. 对于被裁减人员，应当给予的待遇是（　　）。

A. 依照国家有关规定给予经济补偿

B. 制定职工安置预案，予以妥善安置

C. 承诺企业在6个月内录用人员时予以优先录用

D. 承诺企业在重整成功后予以重新录用

25. 不得被裁减的企业人员有（　　）。

A. 管理层、技术骨干和劳动模范

B. 患病或者负伤，在规定的医疗期内的

C. 在孕期、产期、哺乳期内的女职工

D. 在本单位患职业病或者因工负伤并被确认丧失或者部分丧失劳动能力的

26. 对于企业裁减人员的决定，工会依法可采取的行动是（　　）。

A. 工会认为该决定不适当的，有权提出意见

B. 工会认为该决定违反法律、法规或者劳动合同的，有权要求重新决定

C. 被裁减人员提起诉讼的，工会应当依法给予支持和帮助

D. 被裁减人员提起诉讼有困难的，工会可以代表职工提起诉讼

27. 关于乙公司兼并甲公司时李某的劳动合同及工作年限，下列选项正确的是（　　）。

A. 甲公司与李某的原劳动合同继续有效，由乙公司继续履行

B. 如原劳动合同继续履行，在甲公司的工作年限合并计算为乙公司的工作年限

C. 甲公司还可与李某经协商一致解除其劳动合同，由乙公司新签劳动合同替代原劳动合同

D. 如解除原劳动合同时甲公司已支付经济补偿，乙公司在依法解除或终止劳动合同计算支付经济补偿金的工作年限时，不再计算在甲公司的工作年限

28. 某公司聘用首次就业的王某，口头约定劳动合同期限2年，试用期3个月，月工资6000元，试用期满后7000元。

2024年7月1日起，王某上班，不久即与同事李某确立恋爱关系。9月，由经理办公会讨论决定并征得工会主席同意，公司公布施行《工作纪律规定》，要求同事不得有恋爱或婚姻关系，否则一方必须离开公司。公司据此解除与王某的劳动合同。

经查明，当地月最低工资标准为2000元，公司与王某一直未签订书面劳动合同，但为王某买了失业保险。

请回答第（1）~（3）题。

（1）关于双方约定的劳动合同内容，下列符合法律规定的是（　　）。

A. 试用期超过法定期限

B. 试用期工资符合法律规定

C. 8月1日起，公司未与王某订立书面劳动合同，应每月付其两倍的工资

D. 8月1日起，如王某拒不与公司订立书面劳动合同，公司有权终止其劳动关系，且无须支付经济补偿

（2）关于《工作纪律规定》，下列说法正确的是（　　）。

A. 制定程序违法

B. 有关婚恋的规定违法

C. 依据该规定解除王某的劳动合同违法

D. 该公司执行该规定给王某造成损害的，应承担赔偿责任

（3）关于王某离开该公司后申请领取失业保险金的问题，下列说法正确的是（　　）。

A. 王某及该公司累计缴纳失业保险费尚未满1年，无权领取失业保险金

B. 王某被解除劳动合同的原因与其能否领取失业保险金无关

C. 若王某依法能领取失业保险金，在此期间还想参加职工基本医疗保险，则其应缴纳的基本医疗保险费从失业保险基金中支付

D. 若王某选择跨统筹地区就业，可申请退还其个人缴纳的失业保险费

29. 2024年3月1日，张某通过招聘入职甲公司。入职后，张某发现自己已经怀孕1个月，以此为理由故意迟到早退，不服从夜班安排，违反了公司规定的《员工纪律》。7月1日，甲公司对张某予以解聘。对此，下列说法正确的是（　　）。

A. 张某拒绝上夜班不违反《劳动法》

B. 公司可以解除和张某的劳动合同

C.《员工纪律》构成劳动合同的内容

D. 若张某不能胜任该岗位，公司调岗后仍不能胜任，公司可以解除劳动合同

30. 甲公司与乙公司签订《合作协议》，在乙公司原有的仓库用地上开发商品房。双方约定，共同成立丁公司。甲公司投入开发资金，乙公司负责将该土地上原有的划拨土地使用权转变为出让土地使用权，然后将出让土地使用权作为出资投入丁公司。

丁公司与丙公司签订协议，由其派遣王某到丁公司担任保洁员。不久，甲公司与乙公司产生纠纷，经营停顿。丁公司以签订派遣协议时所依据的客观情况发生重大变化为由，将王某退回丙公司，丙公司遂以此为由解除与王某的劳动合同。

请回答（1）、（2）题。

（1）根据《劳动合同法》，王某的用人单位是（　　）。
A. 甲公司　　　　　　B. 乙公司　　　　　　C. 丙公司　　　　　　D. 丁公司

（2）关于王某劳动关系解除问题，下列选项正确的是（　　）。
A. 丁公司有权将王某退回丙公司
B. 丙公司有权解除与王某的劳动合同
C. 王某有权要求丙公司继续履行劳动合同
D. 王某如不愿回到丙公司，有权要求其支付赔偿金

名词解释

1. 劳动合同
2. 无固定期限劳动合同
3. 借调合同
4. 非全日制用工
5. 劳动合同的续订
6. 劳动合同的解除
7. 劳务派遣

简答题

1. 简述劳动合同的法律特征。
2. 简述劳动合同与劳务合同的区别。
3. 简述劳动合同无效的原因及其法律后果。
4. 简述劳动合同变更的原因和程序。
5. 简述劳动合同解除法律意义上的分类。
6. 简述用人单位单方解除劳动合同的条件。
7. 简述劳动者单方解除劳动合同的条件。
8. 简述劳动合同终止的事由。

案例分析题

1. 甲公司向社会公开招聘员工，其中拟招收办公室打字员 2 名，要求女性，高中以上文化程度，视力（裸眼）1.0 以上。孙某前往应聘，在体检时，因自己视力不好（左眼 0.4，右眼 0.5），就让其孪生妹妹代做视力检查。后来孙某与甲公司签订了为期 2 年的劳动合同，并约定了试用期。工作中孙某经常出差错，有时还影响公司对外关系。在试用期内，甲公司一时也没太在意，以为是孙某尚未熟悉公司业务。试用期过后，孙某的工作表现依然，甚至几次给公司带来了较大经

济损失。于是，甲公司认为孙某不能胜任本职工作，并决定解除与孙某的劳动合同。孙某不服而申请仲裁，要求维持劳动关系，理由是：工作中的差错是不熟悉公司业务引起的，现试用期已过，公司不能单方解除合同。在仲裁过程中，甲公司提出反请求，要求孙某赔偿因其工作差错导致的公司经济损失。经仲裁庭调解，双方不能达成一致意见。

问题：本案应如何处理？为什么？

2. A钢铁制造公司招用了一批工人，高某（男，22周岁）是其中一员。高某上班后，多次向公司提出签订劳动合同，可一直到高某上班后2个月，公司才与他订立书面劳动合同。合同中约定有：暂定1年试用期，试用期满，经考核合格，对高某予以转正，并录用为职工，确定正式合同期，实行劳动合同制；高某入公司时，须交纳2000元押金，合同期限届满后退还；在履行合同过程中，若发现高某不能胜任工作，公司可随时解除劳动合同；患病或非因工负伤的，可以报销医疗费，医疗期满后，不能从事原工作的，公司可以解除劳动合同，并不予补偿；合同期内高某不得结婚，否则公司有权解除劳动合同；高某如要求提前解除合同，需提前45天通知公司，同时，所交押金不予退还；公司按照国家规定向高某提供必要的劳动保护用品，高某应遵守有关规章制度，如果高某因违反操作规程而负伤，公司不予负责；高某可以自愿参加失业保险和养老保险。

问题：（1）高某与A公司的劳动关系何时确立？为什么？
（2）A公司在高某上班后2个月与之订立书面劳动合同的行为是否合法？为什么？
（3）上述劳动合同内容有何违法之处？为什么？

3. C公司职工黄某上班后进行了为期3年的专业技术培训，公司为其报销了全部培训费5000元。双方还签订了补充劳动协议，其中约定，黄某在培训结束后至少须为公司服务4年；黄某如提前解除合同，按每提前1年，支付25%培训费的标准进行赔偿。黄某在培训结束并工作3年后，向公司交了辞职申请书。公司要求黄某，按合同约定赔偿1250元；黄某提出由于新的工作尚未落实，希望能减至500元，遭公司拒绝。黄某在提交辞职申请书1个月后，在办妥移交手续的情况下，离开了公司。其后，黄某多次要求公司办理退工退档手续，公司均因培训费未赔予以拒绝。离开公司4个月后，黄某以用人单位未及时退工退档，造成自己既无法领取失业保险金又无法找到正式工作为由，向当地劳动争议仲裁委员会提出申诉，要求公司办理退工退档手续，并赔偿失业期间的损失；而C公司则以黄某违约为由要求赔偿，提起反诉。

问题：（1）上述补充劳动协议设定违约金条款是否合法？为什么？黄某是否应当支付违约金1250元？
（2）黄某提出辞职申请并离开公司的行为是否合法？为什么？
（3）C公司以黄某未支付违约金为由拒绝办理退工退档手续是否合法？为什么？
（4）黄某是否有权要求C公司赔偿自己失业期间的损失？法律依据何在？

4. 戴某是某机械厂职工，已经在该单位工作了13年，并与该厂订立了无固定期限劳动合同。现因生产经营状况存在严重困难，该厂需要裁减人员。因此，机械厂向厂工会说明了情况，并听取了工会的意见。30天后，按照修改通过后的减员方案，进行裁员。其中，总计裁减职工50名，戴某在裁员名单之内；另有何某因在孕期不便工作，也被裁减；按规定程序办理手续，每人发给经济补偿金人民币6000元。裁员后，该厂引进先进技术，加之市场形势有变，厂里经营状况逐渐好转。5个月后，该厂决定向社会招聘一部分职工，当初被裁减的职工吕某等5人前来应聘，该厂因其技术能力不符合要求而未录用。吕某等人认为机械厂应当优先录用他们，遂向当地劳动争议仲裁委员会申诉。

问题：（1）该机械厂的裁员程序是否合法？
（2）裁减的职工中，有没有不应该被裁减的？为什么？

（3）经济补偿金的支付是否合法？为什么？

（4）吕某等人主张优先录用权，是否有法律依据？

5. E 公司与钱某于 2021 年 10 月 15 日签订了为期 8 年的劳动合同。同时，该公司选派钱某去国外学习一项制药技术，共花费人民币 10 万多元。劳动合同约定，在合同期内，钱某不得调离本公司，如违约给公司造成经济损失时，应负全部赔偿责任。2024 年 11 月 12 日，钱某以收入偏低为由，向 E 公司提交了辞呈，E 公司未予答复。过了 15 天，钱某离开公司，并与 F 公司签订了两年的劳动合同。钱某擅自离开 E 公司后，由于其他技术人员尚未掌握这种制药技术，使产品质量下降，产品销路不畅，造成直接经济损失达 80 多万元人民币。为此，E 公司向当地劳动争议仲裁委员会提出申请，要求钱某及 F 公司赔偿其全部经济损失，并要求钱某回公司履行劳动合同。而 F 公司却以钱某已同其订立劳动合同为由，不予放人。

问题：（1）钱某的做法是否合法？为什么？

（2）钱某与 F 公司所签劳动合同是否有效？为什么？

（3）钱某与 F 公司是否都应承担责任？为什么？

（4）本案应如何处理？

6. 徐某应聘到天天饭店做厨师，双方于 2024 年 7 月签订了劳动合同。合同中约定试用期为 1 年，试用期间不为徐某缴纳社会保险费用。试用期满进行考试，若考试不合格则不予录用，合格则录用为正式员工，每月工资 8000 元。天天饭店称由于餐饮行业竞争大，为防止徐某到饭店偷艺，向徐某收取 10000 元押金。徐某在饭店工作半年，厨艺大长，暗中与红灯笼酒店接洽，红灯笼酒店同意只要徐某从天天饭店辞职，即聘用徐某。徐某通知天天饭店自己要辞职，天天饭店以劳动期限未满 1 年为由不同意，并要扣除徐某的押金，徐某不服遂申请劳动争议仲裁。

问题：（1）徐某与天天饭店所签的劳动合同中，有关试用期的约定是否有效？为什么？

（2）天天饭店收取押金的做法是否合法？为什么？

（3）徐某是否有权解除劳动合同？为什么？

7. 肖某于 2022 年 3 月与某轮渡公司签订为期 5 年的劳动合同，被聘为办公室职员，双方约定肖某必须服从领导。2024 年 1 月，肖某接到人力资源部通知，要求其到东方号渡轮上从事票务工作。肖某认为公司擅自变更合同，拒绝从事票务工作，仍旧在办公室工作。公司遂以肖某不服从领导、违反劳动纪律为由，决定从 2024 年 3 月起解除同肖某的劳动合同。肖某不服，向当地劳动争议仲裁委员会提出仲裁申请。

问题：（1）本案中，轮渡公司能否单方面变更劳动合同？为什么？

（2）如果肖某同意解除合同，轮渡公司是否要支付肖某经济补偿金？为什么？

8. 林某系某中外合资公司职工，由于怀孕，公司安排其从事较为轻松的办公室文秘工作。工作过程中，林某发现办公室有一笔记本电脑长期搁置无人用，遂擅自带回家使用。后办公室主任出差回来发现电脑不见，反复调查下落无果，林某不敢承认，公司决定报案之际，林某不得已坦白真相。公司领导认为林某严重违反公司纪律，决定解除劳动合同。林某提请仲裁，认为自己处于怀孕期间，公司不能解除劳动合同，并向公司报销怀孕期间医疗费和检查费 4000 元。

问题：（1）公司可否解除劳动合同？为什么？

（2）林某提出的不能解除劳动合同的理由是否成立？为什么？

9. 2022 年 3 月，顾某应聘于某公司，公司告诉顾某因其来自农村，不为其缴纳社会保险费，但可适当增加工资，顾某听信公司的说法，表明只要能够保证现实工资，可以不在乎社会保险费，双方签订为期 3 年的劳动合同。2023 年 2 月，顾某得知农民工同样可以享受社会保险待遇，便去找公司领导，认为自己应该参加社会保险，但公司拒绝，称顾某的工资已经包含了社会保险费。2023 年 3 月 10 日，公司通知顾某从 2023 年 4 月 11 日起解除劳动合同。顾某不服提请劳动争议仲裁。

问题：(1) 合同订立时，公司与顾某关于社会保险的约定是否有效？为什么？

(2) 公司是否可以解除与顾某的劳动合同？为什么？

10. 王某与某公司签订了为期 3 年的劳动合同，自 2021 年 2 月 1 日起至 2024 年 1 月 31 日止，双方约定试用期为 6 个月。2021 年 6 月 20 日王某向公司提出辞职，并向公司索要经济补偿金。公司认为王某没有提出解除合同的正当理由，也未与公司协商，因而既不同意解除合同，也不同意负担经济补偿金。

问题：(1) 王某提出解除劳动合同是否需要说明理由？为什么？

(2) 公司是否应该给予王某经济补偿金？为什么？

第六章 集体合同

基础知识图解

集体合同与劳动合同
- 集体合同的含义
- 集体合同与劳动合同的联系与区别
  - 联系：它们同属于劳动法律体系的重要组成部分，都是调整劳动关系的方法和手段，是在劳动关系当事人之间贯彻平等协商原则的两种法律形式
  - 区别：当事人不同、目的不同、内容不同、形式不同、效力不同、合同的期限不同、纠纷的处理方式不同

集体合同的订立和效力
- 集体合同的订立
- 集体合同的效力范围

重点知识讲解

重点知识一：集体合同与劳动合同

1. 集体合同的含义。集体合同，又称集体协约、团体协约，是指工会与用人单位或其团体为规范劳动关系而订立的，以全体劳动者的共同利益为中心内容的书面协议。在我国现阶段，集体合同主要是由工会或职工代表与用人单位（企业和实行企业化管理的事业单位）根据法律、法规、规章的规定，就劳动报酬、工作时间、休息休假、劳动安全卫生、职业培训、保险福利等事项，通过集体协商签订的。在县级以下区域内，建筑业、采矿业、餐饮服务业等行业也可以由工会与企业方面代表订立行业性集体合同，或者订立区域性集体合同。

2. 集体合同与劳动合同的联系与区别。劳动合同是指劳动者与用人单位之间为确定劳动关系，依法协商达成双方权利和义务的协议。集体合同与劳动合同有着密切的联系，它们同属劳动法律体系的重要组成部分，都是调整劳动关系的方法和手段，是在劳动关系当事人之间贯彻平等协商原则的两种法律形式，两者相互弥补，相辅相成。

但它们的区别也很明显，主要体现在：（1）当事人不同；（2）目的不同；（3）内容不同；（4）形式不同；（5）效力不同；（6）合同的期限不同；（7）纠纷的处理方式不同。

重点知识二：集体合同的订立与效力

1. 集体合同的订立。企业职工一方与用人单位通过平等协商，可以就劳动报酬、工作时间、休息休假、劳动安全卫生、保险福利等事项订立集体合同。集体合同草案应当提交职工代表大会或者全体职工讨论通过。集体合同由工会代表企业职工一方与用人单位订立；尚未建立工会的用人单位，由上级工会指导劳动者推举的代表与用人单位订立。集体合同订立后，应当报送劳动行政部门；劳动行政部门自收到集体合同文本之日起15日内未提出异议的，集体合同即行生效。

2. 集体合同的效力范围。集体合同的效力范围，是指集体合同在什么时间范围内、什么空间范围内、对什么人产生约束力，主要包括对人效力、时间效力以及空间效力三个方面。

（1）对人效力。一般认为，受集体合同约束的人包括集体合同的当事人（当事人团体）和关系人。

（2）时间效力。即集体合同在什么时间范围内具有约束力。其表现形式有三种类型：①当期效力；②溯及效力；③余后效力。

（3）空间效力。全国集体合同、地方集体合同分别在全国或特定行政区域范围内有效，产业集体合同对特定产业的用人单位及其职工有效，职业集体合同对从事特定职业的职工及其用人单位有效，基层集体合同在签订合同的用人单位范围内具有约束力。

3. 集体合同的效力形式。集体合同的效力形式，是指集体合同不同类型条款所具有的效力的具体表现形式，主要包括准法规效力、债权效力、组织效力三个方面。

（1）集体合同的准法规效力。又称规范效力，是指集体合同的标准性条款和单个劳动关系运行规则条款对其关系人（单个劳动关系当事人）具有相当于法律规范的效力。其中，标准性条款的准法规效力的具体表现形式，是不可贬低性效力和补充性效力。

（2）集体合同的债权效力。又称债法效力，是指集体合同的目标性条款和集体合同运行规则条款对其当事人具有设定债务的效力。集体合同对其当事人所设定的债务，主要是遵守集体合同运行规则、保持劳动和平、敦促其成员遵守集体合同、实现集体合同约定目标的义务。集体合同当事人不履行或不完全履行这些义务，都应承担相应的违约责任。

（3）集体合同的组织效力。又称组织法效力，是指集体合同的某些条款对其关系人具有设定组织法的义务的效力。

配套测试

☑ **单项选择题**

1. 关于集体合同的表述，下列哪一项是错误的？（　　）
A. 未建立工会的企业，集体合同应由职工推举的代表与企业签订
B. 劳动合同中的劳动条件和劳动报酬标准可以高于集体合同的规定
C. 并非所有的企业都必须签订集体合同
D. 集体合同必须经劳动行政部门审查批准方能生效

2. 经全体职工代表或者全体职工（　　）以上同意，集体合同草案或专项集体合同草案方可获得通过。
A. 半数以上　　　　B. 三分之二　　　　C. 五分之三　　　　D. 四分之三

3. 集体合同经职工代表大会通过后，由双方首席代表在合同文书上签字，然后报送当地劳动保障行政部门（　　）。
A. 审批　　　　　　B. 决定　　　　　　C. 审查　　　　　　D. 备案

4. 在集体协商中，职工民主推举的谈判代表，须得到（　　）以上职工的同意。
A. 五分之一　　　　B. 四分之三　　　　C. 半数　　　　　　D. 三分之二

5. 下列有关集体协商代表的表述错误的是（　　）。
A. 集体协商双方首席代表可以书面委托本单位以外的专业人员作为本方协商代表
B. 首席代表可以由非本单位人员代理
C. 用人单位协商代表与职工协商代表不得相互兼任
D. 集体协商双方的代表人数应当对等，每方至少3人

6. 集体合同生效的标志是（　　）。
A. 收到劳动行政部门审查意见书
B. 集体合同双方首席代表在合同文书上签字
C. 集体合同文书报送当地劳动行政部门备案
D. 劳动行政部门自收到集体合同文本之日起 15 日内未提出异议

7. 以下表述中错误的是（　　）。
A. 订立集体合同必须符合法定的集体协商、双方签字、报送审查、公布等程序
B. 协商处理因签订集体合同发生的争议结束后，由劳动行政部门制作《协调处理协议书》
C. 县级以上人民政府劳动行政部门的争议协调处理机构是受理和协调签订集体合同争议的日常工作机构
D. 我国目前立法尚未对订立区域性、行业性集体合同作出规定

☑ 多项选择题

1. 根据《劳动合同法》，下列关于集体劳动合同的说法，哪些是正确的？（　　）
A. 甲公司尚未建立工会时，经公司 2/3 以上的职工推举的代表，可直接与公司订立集体合同
B. 乙公司系建筑企业，其订立的行业性集体合同，报劳动行政部门备案后即行生效
C. 丙公司依法订立的集体合同，对全体劳动者，不论是否为工会会员，均适用
D. 因履行集体合同发生争议，丁公司工会与公司协商不成时，工会可依法申请仲裁、提起诉讼

2. 根据我国《劳动法》的规定，劳动者与用人单位建立劳动关系，应当订立劳动合同；企业职工方与企业可以就劳动报酬、工作时间、休息休假、劳动安全卫生、保险福利等事项，签订集体合同。劳动合同与集体合同有联系又有区别。下列关于两者异同的表述，哪些是正确的？（　　）
A. 签订集体合同的当事人一方不是单个劳动者，而是代表全体劳动者的工会
B. 劳动者个人与企业订立的劳动合同中，劳动条件和劳动报酬标准不得低于集体合同的规定
C. 劳动合同和集体合同都是要式合同，都必须以书面形式签订，但备案、鉴证或公证都不是订立合同的必要条件
D. 根据特别优于普通的原则，个人劳动合同的效力优先于集体合同的效力

3. 在我国，《劳动法》《劳动合同法》和《工会法》均确认了（　　）制度。
A. 集体解约　　　B. 集体合同　　　C. 集体协商　　　D. 失业保险

4. 集体合同中的（　　）等属于标准性条款。
A. 集体福利设施条款　　　　　　B. 劳动保护工程条款
C. 集体合同解释条款　　　　　　D. 职工录用条款

5. 在集体合同有效期内，允许变更或解除集体合同的情形有（　　）。
A. 双方当事人协商同意
B. 合同约定的变更或解除条件出现
C. 公司破产致使集体合同无法履行
D. 因不可抗力致使集体合同部分或全部不能履行

6. 集体合同约束力及于（　　）。
A. 用人单位主管部门　　　　　　B. 非工会会员职工
C. 用人单位管理人员　　　　　　D. 基层工会组织

名词解释

1. 集体合同
2. 标准性条款
3. 集体协商

简答题

1. 简述集体合同和劳动合同的区别。
2. 简述集体合同的内容。
3. 简述集体合同的效力范围。
4. 简述集体合同的效力形式。

论述题

试述集体合同的法律特征及其意义。

第七章 劳动规章制度

基础知识图解

- 劳动规章制度的概念
- 劳动规章制度的有效要件
  - 制定主体合法
  - 内容必须合法
  - 制定程序必须合法

重点知识讲解

重点知识一：劳动规章制度

1. 劳动规章制度的概念。劳动规章制度，是指用人单位依法制定并在本单位实施的组织劳动过程和进行劳动管理的规则。它是用人单位规章制度的组成部分，是职工和用人单位在劳动过程中的行为规则，是用工自主权和职工民主管理权相结合的产物。

2. 劳动规章制度的有效要件。（1）制定主体合法。一般认为，有权代表用人单位制定劳动规章制度的，应是单位行政系统中处于最高层次、对于用人单位的各个组成部分和全体职工有权实行全面和统一管理的机构。

（2）内容必须合法。劳动规章制度应当对立法所列举的必备事项作出具体规定，其内容必须体现权利与义务一致、劳动者利益与劳动效率并重、奖励与惩罚结合、劳动纪律面前人人平等的精神，不得与劳动法规政策和集体合同的规定相悖。

（3）制定程序必须合法。在制定劳动规章制度的过程中，凡属于法定必要程序，都必须严格履行；集体合同和既存有效劳动规章制度对此程序若有规定，也应当遵循。

配套测试

不定项选择题

1. 下列关于劳动规章制度的表述中，正确的是（　　）。
A. 它与劳动纪律是同一个概念的不同表述
B. 它主要是用人单位的单方法律行为
C. 它规范的只是劳动者的劳动行为
D. 它的效力比劳动合同高

2. 某公司欲制定劳动报酬的专项规章，下述意见错误的是（　　）。
A. 应当经全体职工或职工代表大会讨论
B. 应当与工会或职工代表协商确定
C. 经全体职工讨论后，可以不必与工会或职工代表协商确定

D. 未经全体职工讨论，但同工会协商制定，是合法的

3. 用人单位制定的直接涉及劳动者切身利益的劳动规章制度违反法律、法规规定的，由劳动行政部门（　　）。

A. 责令改正　　　　B. 决定罚款　　　　C. 给予通报批评　　　D. 给予警告

名词解释

劳动规章制度

简答题

1. 简述用人单位内部劳动规则与劳动合同、集体合同的区别。
2. 简述用人单位内部劳动规则的有效要件。
3. 简述用人单位内部劳动规则与劳动合同在效力上的关系。

第八章 职工民主管理

基础知识图解

职工民主管理的概念、特征
- 概念：是指职工直接或间接参与所在用人单位的内部事务的管理
- 特征：以职工身份所参与的民主管理，是职工所在用人单位内部事务的管理，是一种参与式管理

职工民主管理在协调劳动关系方面的特点
- 由劳动关系当事人双方各自的单方行为构成
- 是在劳动过程中处于被管理者地位的职工参与企业管理
- 对劳动关系可以进行经常、随机、及时的协调

职工代表大会：是指由经过职工民主产生的职工代表组成代表全体职工行使民主管理权力的机构

重点知识讲解

重点知识一：职工民主管理的界定

1. 职工民主管理的概念、特征。职工民主管理，又称企业民主管理，是指职工直接或间接参与所在用人单位的内部事务的管理。它是以职工身份参与的民主管理，有别于以股东等其他身份参与的管理；是职工所在用人单位内部事务的管理，不同于职工（公民身份）参与国家或社会事务的管理；是一种参与式管理，而不同于单位行政的行政性管理。目前职工民主管理的形式包括职工代表大会、职工大会、平等协商、职工董事、职工监事等类型。

2. 职工民主管理在协调劳动关系方面的特点。（1）职工民主管理由劳动关系当事人双方各自的单方行为构成，其意志协调表现为职工意志对企业意志的影响和制约，企业意志对职工意志的吸收和体现。

（2）职工民主管理是在劳动过程中处于被管理者地位的职工参与企业管理，这属于管理关系中的纵向协调。

（3）职工民主管理由于其形式多样，能够在劳动关系存续期间，对劳动关系进行经常、随机、及时的协调。

重点知识二：职工代表大会

职工代表大会的概念。职工代表大会，简称职代会（职工大会），是指由经过职工民主产生的职工代表组成代表全体职工行使民主管理权力的机构，是企业实行职工民主管理的基本形式。

配套测试

不定项选择题

1. 劳动者依照法律规定，通过职工大会、（　　）或者其他形式，参与民主管理或者就保护劳动者合法权益与用人单位进行平等协商。

　　A. 党员代表大会　　B. 职工代表大会　　C. 股东会　　D. 工会委员会

2. 企业实行民主管理的基本形式是（　　）。

　　A. 职工代表大会　　B. 股东会　　C. 工会　　D. 监事会

3. 职工民主参与的形式中，平等协商可以适用于（　　）。

　　A. 国有企业　　B. 集体企业　　C. 私营企业　　D. 外商投资企业

4. 目前，我国公司中职工董事的产生方法一般包括（　　）。

　　A. 职工大会选举产生　　　　　　B. 职工代表大会选举产生
　　C. 工会选派　　　　　　　　　　D. 工会推荐，股东会挑选

名词解释

1. 职工民主管理
2. 职工代表大会
3. 平等协商
4. 企业机构内职工代表制度

简答题

较之劳动合同和集体合同，职工民主管理的协调劳动关系职能有何特点？

劳动基准篇

第九章　工作时间与休息休假

基础知识图解

标准工时制与非标准工时制
- 标准工时制：是由立法确定的一昼夜工作时数、一周工作天数，以及每个工作周连续休息时间标准，并要求各用人单位和从业劳动者普遍实行的基本工作时间制度
- 非标准工时制：非标准工时是相对于标准工时而言的，是立法针对特殊行业、特殊岗位上劳动者规定的工时制度

延长工时的限制规则
- 延长工时的人员范围限制
- 延长工时的情形
- 延长工时的程序
- 延长工时的限度
- 延长工时的补偿

重点知识讲解

重点知识一：标准工时制与非标准工时制

1. **标准工时制**。标准工时制度，是由立法确定的一昼夜工作时数、一周工作天数，以及每个工作周连续休息时间标准，并要求各用人单位和从业劳动者普遍实行的基本工作时间制度。我国《劳动法》第36条和《国务院关于职工工作时间的规定》通过三项标准共同构成了我国标准工时制基准，并且缺一不可：（1）劳动者每日工作时间不超过8小时；（2）每周工作时间不超过40小时；（3）每周至少休息一日，即用人单位必须保证劳动者每周至少有一次24小时不间断的休息。

2. **非标准工时制**。非标准工时是相对于标准工时而言的，是立法针对特殊行业、特殊岗位上劳动者规定的工时制度。我国《劳动法》第39条规定，企业因生产特点不能实行标准工时的，经劳动行政部门批准，可以实行其他工作和休息办法。《国务院关于职工工作时间的规定》第4条、第5条有同样规定。非标准工时制包括缩短工作时制、不定时工作制、综合计算工时制。采用非标准工时制，无论哪一形式，都必须以标准工时制确立的工作时间总量为限。不能通过非标准工时制度，变相侵害劳动者法定最低限度的休息权。

重点知识二：延长工时的限制规则

1. 延长工时的人员范围限制。禁止安排未成年工、怀孕7个月以上的女工和哺乳未满周岁婴儿的女工等几类劳动者加班加点。

2. 延长工时的情形。依《劳动法》第41条规定，延长工时应当以"生产经营需要"为条件。

3. 延长工时的程序。用人单位由于生产经营需要而安排延长工时的，应当事先与工会和劳动者协商，用人单位应当事先就加班加点的理由、工作量计算和所需职工人数，向工会说明，并征得工会同意。

4. 延长工时的限度。由于生产经营需要而延长工时的，一般每日不得超过1小时；因特殊原因需要，在保障劳动者身体健康的条件下每日不超过3小时，但每月不得超过36小时。

5. 延长工时的补偿。它兼有职工利益补偿和限制延长工时双重功能。对此，我国现行立法规定有补休和支付加班加点工资两种形式。具体补偿方式及标准是：①标准工作日之外延长工作时间（加点），支付不低于正常工时工资的150%。②周休日加班不能安排补休的，支付不低于正常工时工资的200%。③法定节假日加班的，支付不低于正常工时工资的300%。

配套测试

☑ 单项选择题

1. 规定实行职工每日工作8小时，每周工作40小时工时制度的是（　　）。
A.《全国年节及纪念日放假办法》
B.《职工带薪年休假条例》
C.《国务院关于职工探亲待遇的规定》
D.《国务院关于职工工作时间的规定》

2. 非全日制用工是指以小时计酬、劳动者在同一用人单位平均每日工作时间不超过（　　）小时，累计每周工作时间不超过（　　）小时的用工形式。
A. 4　24　　　　B. 5　30　　　　C. 6　36　　　　D. 3　18

3. 根据《国务院关于职工探亲待遇的规定》，已婚职工探望父母，间隔（　　），给予探亲假一次，每次20天。
A. 2年　　　　B. 3年　　　　C. 4年　　　　D. 1年

4. 不适用不定时工作制的人员是（　　）。
A. 企业高级管理人员　　　　B. 厨师
C. 出租车司机　　　　D. 推销人员

5.《劳动法》规定，劳动者享受带薪年休假应连续工作的年限为（　　）。
A. 一年以上　　　B. 二年以上　　　C. 三年以上　　　D. 十年以上

6. 用人单位由于生产经营需要，经与工会和劳动者协商后可以延长工作时间。一般每日不得超过（　　）小时；因特殊原因需要延长工作时间的，在保障劳动者身体健康的条件下延长工作时间每日不得超过（　　）小时，但是每月不得超过（　　）小时。
A. 1　3　36　　　B. 1　2　30　　　C. 2　3　36　　　D. 1　2　36

7. 公司安排加班而不支付加班费的，经劳动行政部门责令其限期支付仍未支付的，可责令该公司按应付加班费（　　）的标准加付赔偿金。
A. 50%　　　　B. 25%　　　　C. 50%~100%　　　　D. 双倍

8. 根据《劳动法》规定，下列说法或做法错误的是（　　）。
   A. 对哺乳未满周岁婴儿的女职工，不得安排延长工作时间和夜班劳动
   B. 为履行合同，某厂在周末休息日安排工作，支付了不低于工资 200% 的报酬
   C. 生产设备发生故障，影响生产和公众利益，必须及时抢修的，不受延长时间的长度限制
   D. 某公司由于生产经营需要，与工会或劳动者协商后可以延长工作时间，但一般每日不得超过 2 小时

9. 在下列哪种情况下，用人单位延长劳动者工作时间应受到《劳动法》有关限制性规定的约束？（　　）
   A. 发生自然灾害、事故或者因其他原因，威胁劳动者生命健康和财产安全，需要紧急处理的
   B. 生产设备发生故障，影响生产和公众利益，必须及时抢修的
   C. 交通运输线路、公共设施发生故障，影响生产和公众利益，必须及时抢修的
   D. 用人单位取得大量订单，为了在短期内完成交货，必须组织突击生产的

不定项选择题

1. 缩短工作时间适用于（　　）。
   A. 从事夜班工作的劳动者　　　　　　B. 未成年工
   C. 哺乳期内的女职工　　　　　　　　D. 企业中高级管理人员

2. 根据国务院《全国年节及纪念日放假办法》的规定，属于全体公民放假的节日及纪念日的有（　　）。
   A. 劳动节　　　　B. 建军节　　　　C. 国庆节　　　　D. 春节

3. 下列属于《劳动法》上的工作时间的有（　　）。
   A. 午休时间　　　　　　　　　　　　B. 工作交接时间
   C. 女职工哺乳婴儿时间　　　　　　　D. 行政出差时间

4. 根据我国《劳动法》的规定，企业延长职工工作时间不受限制的情形，包括（　　）。
   A. 企业为了完成紧急生产经营需要，经与职工协商同意
   B. 发生重大事故，威胁劳动者生命健康，需紧急处理的
   C. 交通运输发生故障，必须及时抢修的
   D. 发生水灾，需紧急救援的

5. 关于延长工作时间的补偿方式的表述，错误的是（　　）。
   A. 周末休息日安排工人工作，可以不支付加班工资
   B. 周末休息日安排工人工作，必须支付加班工资
   C. 法定节假日安排工人工作，必须支付加班工资
   D. 标准工作日之外安排工人工作，应支付加班工资

名词解释

1. 标准工时形式
2. 非标准工时形式
3. 探亲假
4. 年休假
5. 加班
6. 加点

简答题

1. 简述最高工时标准的法律效力。
2. 简述非标准工作日的类型及适用范围。
3. 简述延长工作时间的限制规则。

案例分析题

某公司经劳动行政部门批准实行以月为单位的综合计算工时制，同时该公司实行轮休制度。某周日，公司表示因其他职工病休，要求职工林某顶班。林某以周日轮到其休息且其已有安排为由，予以拒绝。事后，公司依公司规章制度，认定林某旷工，扣发当日工资及当月部分奖金。林某不服，向劳动仲裁委员会申诉，理由是：周日加班应与职工协商，职工有权拒绝，故自己并未违纪。仲裁调查查明，如果该日林某上班，该月的工作时间是40小时，该周的工作天数是7天。

问题：该公司的做法是否正确？为什么？

第十章 工 资

基础知识图解

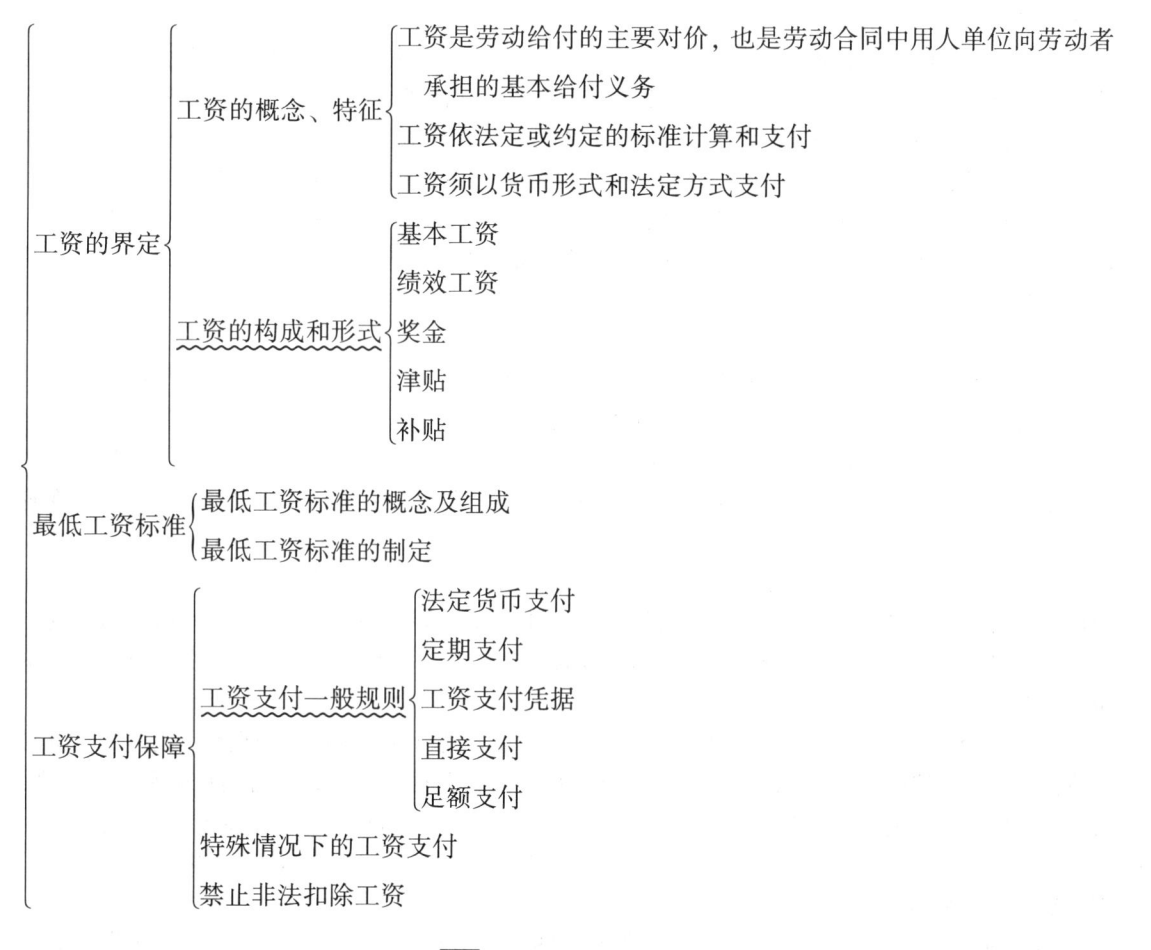

工资的界定
- 工资的概念、特征
  - 工资是劳动给付的主要对价，也是劳动合同中用人单位向劳动者承担的基本给付义务
  - 工资依法定或约定的标准计算和支付
  - 工资须以货币形式和法定方式支付
- 工资的构成和形式
  - 基本工资
  - 绩效工资
  - 奖金
  - 津贴
  - 补贴

最低工资标准
- 最低工资标准的概念及组成
- 最低工资标准的制定

工资支付保障
- 工资支付一般规则
  - 法定货币支付
  - 定期支付
  - 工资支付凭据
  - 直接支付
  - 足额支付
- 特殊情况下的工资支付
- 禁止非法扣除工资

重点知识讲解

重点知识一：工资的界定

1. 工资的概念、特征。从本质上分析，工资是通过给付劳动换得的报酬，是劳动力价值的货币表现，即劳动力的价格。工资是劳动给付的对价，是用人单位依据劳动合同约定或法律规定标准及形式向劳动者支付的劳动报酬。工资在日常生活与职场中也有薪金、薪水之称谓。可从以下几个方面着重理解其特征：（1）工资是劳动给付的主要对价，也是劳动合同中用人单位向劳动者承担的基本给付义务。劳动者提供了劳动或者履行了劳动合同约定的义务后，用人单位须依法依约支付工资。否则，劳动者就可以通过中止履行劳动合同进行抗辩。（2）工资依法定或约定的标准计算和支付。一般情况下，工资的计算与支付依双方当事人书面合同或口头约定确定，但约定

标准不得低于当地最低工资标准。特殊情况下，如无法确认双方对工资的约定、出现法定中断劳动情形时，适用法律规定的比照原则或直接规定。(3) 工资须以货币形式和法定方式支付。工资以货币形式支付，是世界各国通行的做法，也是工资本质的要求。我国法律规定，工资依人民币计算和给付。工资依法定方式支付，是指工资的支付周期、支付凭证、支付对象、工资扣除等必须依法律法规的规定执行。工资应当是个相对开放的概念，只要符合工资的实质内涵——劳动给付的对价，就可以认定为工资。

2. 工资的构成和形式。工资构成与工资形式都是工资制度的重要内容。工资构成重在说明工资的组成内容，而工资形式则是对劳动者实际付出的劳动量和相应获得的劳动报酬量的具体计算与支付方法。

第一，工资构成。工资构成，是指工资由相互联系的若干部分内容组成。工资构成理论表明：其一，工资是由不同的部分组成的，而不同部分的工资有相对明确的法律含义，如基本工资、绩效工资、奖金、补贴、加班工资等；其二，工资构成有不同的层次，如基本工资是相对固定的底薪，绩效工资取决于用人单位的经济效益及劳动者本人的岗位贡献，奖金、补贴等则是特定条件下的激励性、补偿性给付。我国工资构成在 20 世纪 90 年代以前主要由法律法规确定，表现为工资基准，现阶段逐步改革为工资自决的范畴。《劳动法》第 47 条规定："用人单位根据本单位的生产经营特点和经济效益，依法自主确定本单位的工资分配方式和工资水平。"现阶段最常见的工资构成单元有：

(1) 基本工资。基本工资是指劳动者与用人单位在劳动合同中约定的与工作岗位相适应的相对固定的工资单位。劳动者在法定工作时间内提供正常劳动的情况下即可获得基本工资。

(2) 绩效工资。绩效工资是以对员工绩效的有效考核为基础，将工资与考核结果相挂钩的工资制度。绩效工资最初以计件工资为主要实现形式，由于在实践中，绩效的定量不易操作，现阶段已不再是简单意义上的工资与产品数量挂钩的工资形式，而是建立在科学的工资标准和管理程序基础上的工资体系，其具体指标与标准由用人单位通过工资协商或民主管理程序自行决定。现阶段，绩效工资被我国事业单位、企业普遍采用，用人单位利用绩效工资对劳动过程进行调控，通过对绩优者和绩劣者的收入调节，激励员工积极、主动和创造性地完成工作任务，进而实现单位的事业发展目标。

(3) 奖金。奖金是用人单位对作出突出贡献的劳动者支付的奖励性劳动报酬，是辅助工资的构成内容之一。按照不同的标准，可以对奖金进行不同的分类：①以直接增加社会财富为标准，可以将其分为超产奖、质量奖、节约奖等；②以为增加社会财富创造条件为标准，可以将其分为劳动竞赛奖、创造发明奖、安全生产奖等；③以设奖形式为标准，可以将其分为单项奖、综合奖、集体奖、个人奖等。

(4) 津贴。津贴是补偿劳动者在特殊条件下的额外劳动消耗和生活额外支出的工资补充形式。津贴的具体作用主要表现在三个方面：①补偿作用，即对劳动者因特殊劳动的额外劳动消耗给予补偿；②调节作用，即协调劳动力资源合理配置的社会布局；③激励作用，即鼓励职工钻研技术、努力工作。依据津贴的设置目的和所起的作用，可以将我国现行津贴分为以下几大类：①为补偿劳动者额外劳动消耗而设置的津贴，如高空作业津贴、高温津贴、夜班津贴等；②为补偿职工特殊劳动和生活额外支出的双重性而设置的津贴，如林区津贴、山区津贴、驻岛津贴、艰苦气象站津贴、船员津贴、外勤工作津贴、铁路乘务津贴，以及为鼓励职工到艰苦地方去工作而设置的津贴等；③为保障职工身体健康而设置的津贴，如对从事粉尘、高压、有毒有害气体、接触放射性物质和从事潜水作业等工作发放的保健津贴、医疗卫生津贴等；④为鼓励职工钻研技术、努力工作而设置的津贴，如科研津贴、优秀运动员津贴、体育津贴等；⑤为维护社会所需要的工作的正常进行而设置的津贴，如环卫工人、物资回收工人所享有的津贴等；⑥为补偿职工的特殊贡献而设置的奖励性津贴,如对作出突出贡献的专家、学者和科技人员设置的政府特殊津贴等。

(5) 补贴。补贴是工资构成中较固定和稳定的单元。一般是针对特定条件下因物价变动影响而对劳动者所作的临时性工资补助,其目的是保证劳动者生活水平免受较大的冲击。补贴具有基准性特征,在特定的地区,补贴的工资部分应该大致相等。但与奖金相对,具有附加性特征,其在工资总额中占的比例相对较小。

第二,工资形式。工资形式,是指计量劳动量和支付工资的形式。我国现行的工资形式主要有计时工资、计件工资。另外,在一定范围内实行年薪制和薪酬工资。

重点知识二:最低工资标准

1. 最低工资标准的概念及组成。最低工资是指劳动者在法定或约定工作时间内提供正常劳动的前提下,其所在用人单位应支付的最低劳动报酬。

计算最低工资,应当严格按照国家有关规定进行。目前,我国计算最低工资应剔除下列各项:(1) 延长工作时间工资;(2) 中班、夜班、高温、井下、有毒有害等特殊工作环境、条件下的津贴;(3) 法律、法规和国家规定的劳动者保险、福利待遇等。另外,用人单位以贴补伙食、住房等形式支付给劳动者的非货币性收入也不应包括在最低工资范围内。

2. 最低工资标准的制定。(1) 制定机构。最低工资的具体标准由省、自治区、直辖市人民政府规定,省级政府应组织同级工会组织和用人单位方面代表,参与最低工资标准的制定。

(2) 确定最低工资标准应依据和考虑的因素。这主要包括劳动者本人及其平均赡养人口的最低生活费用、社会平均工资水平、劳动生产率、就业状况、地区之间经济发展水平的差异等。

(3) 最低工资标准的具体测算方法。主要是比重法和恩格尔系数法。

(4) 最低工资标准的制定程序。包括以下环节:由省级劳动行政部门会同有关部门研究拟定最低工资标准,并将拟定的最低工资标准及其有关情况,报国务院劳动行政部门征求意见;国务院劳动行政部门应征求全国总工会、全国企业家协会/企业家联合会的意见,国务院劳动行政部门对方案可以提出修订意见,若在方案收到后 14 日内未提出修订意见的,视为同意;省级劳动行政部门应将经国务院劳动行政部门同意的方案报省级政府批准,并在批准后 7 日内在当地政府公报和至少一种全地区性报纸上发布;并且,省、自治区、直辖市劳动行政部门应在发布后 10 日内将最低工资标准报国务院劳动行政部门。

重点知识三:工资支付保障

1. <u>工资支付一般规则</u>。所谓工资支付一般规则,是指职工在法定或依法约定的工作时间内履行了劳动给付义务的正常情况下,用人单位支付工资依法应遵循的规则。包括:法定货币支付规则;定期支付规则;工资支付凭据规则;直接支付规则;足额支付规则。

2. 特殊情况下的工资支付。特殊情况下的工资支付,是指在法定非正常情况下,依法应当按计时工资标准或其一定比例支付工资。它以存在某种法定非正常情况作为工资支付的依据,以职工本人计时工资标准作为工资支付的标准。

3. 禁止非法扣除工资。用人单位可以从职工工资中代扣的情形只限于:应由职工缴纳的个人所得税,应由职工负担的各项社会保险费,法院判决、裁定中要求代扣的抚养费、赡养费、扶养费,以及法定可以从工资中扣除的其他费用。

配套测试

单项选择题

1. 根据国家有关规定，属于工资的是（　　）。
A. 加班加点工资　　　　　　　　　　B. 单位发放的工作服
C. 稿费、翻译费　　　　　　　　　　D. 单位支付的计划生育补贴

2. 用人单位支付劳动者工资的方式是（　　）。
A. 以货币或有价证券支付　　　　　　B. 以实物代替货币支付
C. 以货币或企业债券支付　　　　　　D. 以法定货币支付

3. 根据劳动法规定，最低工资标准应按以下程序制定（　　）。
A. 省、自治区、直辖市人民政府统一制定，报国务院备案
B. 省、自治区、直辖市人民政府制定，报国务院批准执行
C. 国务院统一制定
D. 省、自治区、直辖市人大常委会制定

4. 用人单位拖欠或者未足额支付工资的，劳动者不可以（　　）。
A. 申请仲裁　　　　　　　　　　　　B. 向法院申请支付令
C. 请求劳动行政部门依法处理　　　　D. 直接起诉，要求解除劳动合同

5. 某公司支付给职工的工资低于当地最低工资标准，劳动行政部门责令其限期支付差额部分，该公司逾期仍未支付，则其依法应加付的赔偿金是（　　）。
A. 应付金额的 50%　　　　　　　　　B. 应付金额的 25%
C. 应付金额的 50%~100%　　　　　　D. 应付金额的 50%~200%

6. 甲公司解雇潘某，还欠潘某 3 万元工资未支付。潘某多次索要无果，一气之下将甲公司的面包车开走。乙公司是甲公司的母公司，知道这事后帮甲公司给潘某支付了 2 万元工资，以下说法正确的是（　　）。
A. 潘某的行为是自助行为　　　　　　B. 公司为无因管理
C. 甲公司还欠潘某 1 万元　　　　　　D. 甲公司还欠潘某 3 万元

多项选择题

1. 我国现行工资的基本形式主要有（　　）。
A. 计件工资　　　B. 奖金　　　C. 年薪　　　D. 计时工资

2. 下列不能作为最低工资组成部分的有（　　）。
A. 加班加点工资　　　　　　　　　　B. 高温津贴
C. 法定的福利待遇　　　　　　　　　D. 社会保险待遇

3. 确定和调整最低工资标准应当综合考虑的因素有（　　）。
A. 劳动者本人及平均赡养人口的最低生活费用
B. 社会平均工资水平
C. 劳动生产率
D. 就业状况

4. 下列关于工资支付的表述中，正确的是（　　）。
A. 工资应当以法定货币支付

B. 经营困难的企业可以实物或有价证券支付
C. 支付工资时，应向劳动者提供一份个人工资清单
D. 工资应当支付给职工本人

5. 劳动者在（　　），用人单位应依法支付工资。

A. 婚假期间　　　　　　　　　　　　B. 以被告身份参加诉讼活动期间
C. 拘留期间　　　　　　　　　　　　D. 探亲假期间

6. 下列情形中，用人单位依法可以代扣劳动者工资的是（　　）。

A. 应由职工缴纳的个人所得税　　　　B. 应由劳动者个人负担的养老保险费
C. 法院判决、裁定中要求代扣的抚养费　D. 应债权人要求代扣欠款

7. 以下各项不应计算在工资总额中的有（　　）。

A. 持有本企业股票的职工的股息　　　B. 劳动保险费用
C. 劳动保护的费用　　　　　　　　　D. 加班加点工资

8. 工资具有的基本职能包括（　　）。

A. 分配职能　　　B. 保障职能　　　C. 激励职能　　　D. 杠杆职能

名词解释

1. 工资
2. 基本工资
3. 最低工资
4. 特殊情况下工资支付

简答题

1. 简述工资的法律特征。
2. 简述制定最低工资标准的主要规则。
3. 简述最低工资标准的法律效力。
4. 简述工资支付的一般规则。

论述题

试述我国工资立法的原则。

案例分析题

1. 某甲公司因生产经营发生严重困难，通过职工大会形式，告知部分职工回家待业，每月发放一定数额的生活费，同时公司尽力负责为大家另行介绍工作，双方签订协议。其中职工黄某拒绝签订协议，认为其回家待业的过错在于公司，于是向当地劳动争议仲裁委员会申请仲裁，请求公司支付最低工资报酬。

问题：黄某的主张是否有法律依据？为什么？

2. 乙市某建筑公司招收了一批农村合同工人，双方签订的劳动合同中约定，工资为每个月2800元人民币，由公司提供食宿。后来，工人们得知该市最低工资标准为3000元，企业支付工资一律不得低于该标准。于是，工人们要求公司将工资涨到每月每人3000元。但公司认为，公司除每月向工人支付的工资2800元外，还为工人提供食宿，加上加班加点工资，工人每人每月工资超过4000元，远远高于3000元的最低工资标准。所以，拒绝了工人的要求。于是，双方产生争议。

问题：（1）建筑公司的理由是否成立？为什么？

（2）本案应该如何处理？

3. 某丙公司职工乔某负责该公司供销工作。随着业务量的扩大，丙公司增派职工李某协助乔某工作。李某从事供销工作的第一天，正遇一客户要求送货，丙公司安排李某随乔某一起送货以便熟悉业务。乔某拒不答应，坚持自己一人送货，并拦住汽车，不让驶出，公司领导再三劝说无效，致使送货时间延迟达 3 小时之久。为此，丙公司加付借用汽车费 300 元，公司的声誉也受到影响。事后，丙公司扣发了乔某当月的全部工资。乔某不服，遂向劳动争议仲裁委员会提起仲裁。仲裁中，双方经调解，无法达成协议。

问题：本案应如何处理？为什么？

第十一章 劳动保护

基础知识图解

劳动保护与劳动保护法
- 劳动保护的概念
- 劳动保护的任务和方针
- 劳动保护法的特征

女职工及未成年工特殊劳动保护
- 女职工特殊劳动保护：针对妇女职工的生理特点和抚育后代的需要，对女职工在劳动过程中的安全和健康依法加以特殊保护
- 未成年工特殊劳动保护：针对未成年工处于生长发育期的特点，以及接受义务教育的需要，依法采取的特殊劳动保护措施

重点知识讲解

重点知识一：劳动保护与劳动保护法

1. 劳动保护的概念。劳动保护，有广义与狭义之分。广义是指对劳动者各个方面合法权益的保护，即通常所称的劳动者保护；狭义仅指对劳动者在劳动过程中的安全和健康的保护，又称劳动安全卫生保护或职业安全卫生保护。劳动保护法律制度中的劳动保护，是狭义上的劳动保护。在劳动保护法律关系中，受保护者是劳动者，保护者是用人单位；劳动保护的对象是劳动者的安全和健康；劳动保护的范围只限于劳动过程。

2. 劳动保护的任务和方针。劳动保护的任务是同职业伤害相联系的。一般而言，潜在的职业危害因素转化为职业伤害，必须具备一定的诱发或激发条件。劳动保护的任务就在于，通过多种手段控制潜在职业危害因素向职业伤害转化的条件，使职业伤害不致发生。

为了实现劳动保护的任务，我国的立法要求劳动保护工作必须坚持"安全第一、预防为主"的方针。"安全第一"是处理生产与安全的关系所应遵循的原则。当生产与安全发生矛盾时，应当优先满足安全的需要。"预防为主"，即防重于治，这是处理职业伤害的预防与治理关系所应遵循的原则。它要求把劳动保护的重点放在防患于未然，要求尽量采用直接安全技术，制造和使用无害设备和无害工艺。

3. 劳动保护法的特征。（1）其保护对象具有首要性。安全和健康是劳动法保护的首要对象，由此决定了劳动保护法在劳动法体系中无可争辩地处于首要地位。

（2）其内容具有技术性。在劳动保护法的内容中，包含大量的技术性法律规范，其中有许多直接由技术规范构成，这些技术性法律规范是劳动保护法规的基本内容。

（3）其法律约束力具有强行性。就劳动保护法律规范而言，一般属于强行性法律规范，具有必须严格遵循的法律约束力。

（4）其适用范围具有普遍性。我国境内，各种用人单位不论其所有制形式如何，都应遵守劳动保护法；各种职工不论其用人形式如何，都应受到劳动保护法的保护。

重点知识二：女职工及未成年工特殊劳动保护

1. 女职工特殊劳动保护。女职工特殊劳动保护，是针对妇女职工的生理特点和抚育后代的需要，对女职工在劳动过程中的安全和健康依法加以特殊保护。其主要内容包括：禁止女职工从事特别繁重的体力劳动及有毒有害作业；对女职工"四期"的特殊保护，即经期保护、孕期保护、产期休假、哺乳期的保护；为女职工建立劳动保护设施等其他措施。

2. 未成年工特殊劳动保护。未成年工特殊劳动保护，是指针对未成年工（年满 16 周岁，未满 18 周岁）处于生长发育期的特点，以及接受义务教育的需要，依法采取的特殊劳动保护措施。其主要内容包括：禁止未成年工从事有毒有害、矿山井下等其他禁忌从事的劳动；未成年工定期健康检查制度；未成年工使用和特殊保护登记制度等。

配套测试

单项选择题

1. 世界上最早的劳动保护立法是（　　）。
A. 英国《学徒健康与道德法》　　　　B. 英国《工厂法》
C. 美国《职业安全和卫生法》　　　　D. 日本《工人赔偿法》

2. 用人单位对从事有职业危害作业的劳动者应当定期进行（　　）。
A. 健康检查　　　B. 劳动补贴　　　C. 设备更新　　　D. 知识教育

3. 未成年工是指（　　）的劳动者。
A. 满 14 周岁不满 16 周岁　　　　　B. 满 16 周岁不满 18 周岁
C. 满 16 周岁不满 20 周岁　　　　　D. 满 18 周岁不满 20 周岁

4. 劳动者对用人单位管理人员违章指挥、强令冒险作业，有权（　　）。
A. 拒绝执行　　　B. 提出批评　　　C. 检举　　　D. 控告

5.《劳动法》规定，禁止安排女职工从事矿山井下、国家规定的（　　）体力劳动强度的劳动和其他禁忌从事的劳动。
A. 第一级　　　B. 第二级　　　C. 第三级　　　D. 第四级

6.《劳动法》规定，不得安排未成年工从事矿山井下、有毒有害、国家规定的（　　）体力劳动强度的劳动和其他禁忌从事的劳动。
A. 第一级　　　B. 第二级　　　C. 第三级　　　D. 第四级

7.《劳动法》规定，对怀孕（　　）以上的女职工，不得安排其延长工作时间和夜班劳动。
A. 4 个月　　　B. 7 个月　　　C. 5 个月　　　D. 6 个月

8.《劳动法》规定，不得安排女职工在哺乳未满（　　）的婴儿期间从事国家规定的第三级体力劳动强度的劳动和哺乳期禁忌从事的其他劳动。
A. 1 周岁　　　B. 2 周岁　　　C. 100 天　　　D. 6 个月

9.《劳动法》规定，不得安排女职工在经期从事高处、低温、冷水作业和国家规定的（　　）体力劳动强度的劳动。
A. 第一级　　　B. 第二级　　　C. 第三级　　　D. 第四级

10. 我国第一部综合性女职工劳动保护法规是（　　）。
A. 《女职工保健工作规定》　　　　　　B. 《女职工劳动保护规定》
C. 《女职工禁忌劳动范围的规定》　　　D. 《妇女权益保障法》

11. 下列关于未成年工的表述，错误的是（　　）。
A. 未成年工上岗前必须进行健康检查
B. 未成年工的体检由用人单位办理
C. 未成年工的体检费用由用人单位承担
D. 未成年工上岗应持有劳动行政部门核发的未成年工登记表

12. 王某，女，2002年出生，于2024年2月1日入职某公司，从事后勤工作，双方口头约定每月工资为人民币3000元，试用期1个月。2024年6月30日，王某因无法胜任经常性的夜间高处作业而提出离职，经公司同意，双方办理了工资结算手续，并于同日解除了劳动关系。同年8月，王某以双方未签书面劳动合同为由，向当地劳动争议仲裁委申请仲裁，要求公司再支付工资12000元。

关于女工王某权益，根据《劳动法》，下列说法正确的是（　　）。
A. 公司应定期安排王某进行健康检查
B. 公司不能安排王某在经期从事高处作业
C. 若王某怀孕6个月以上，公司不得安排夜班劳动
D. 若王某在哺乳婴儿期间，公司不得安排夜班劳动

多项选择题

1. 在我国，劳动安全技术规程主要包括（　　）。
A. 工厂安全技术规程　　　　　　　　B. 工业企业噪声标准
C. 矿山安全技术规程　　　　　　　　D. 建筑安装工程安全技术规程

2. 《劳动法》规定，新建、改建、扩建工程的劳动安全卫生设施必须与主体工程（　　）。
A. 同时施工　　　　　　　　　　　　B. 同时审批
C. 同时设计　　　　　　　　　　　　D. 同时投产和使用

3. 安全卫生认证的对象包括（　　）。
A. 企业领导人安全卫生管理资格　　　B. 安全设备质量
C. 安全卫生检测人员执业资格　　　　D. 劳动防护用品设计单位资格

4. 下列对职业病防治的表述中，错误的是（　　）。
A. 用人单位只需组织上岗前和在岗期间的职业健康检查
B. 职业健康检查费用由用人单位承担
C. 职业健康检查应由县级以上人民政府卫生行政部门批准的医疗卫生机构承担
D. 用人单位可以终止与未进行离岗前职业健康检查的劳动者之间的劳动合同

5. 用人单位不得安排未成年工从事（　　）。
A. 矿山井下作业　　　　　　　　　　B. 资源勘探的野外作业
C. 锅炉司炉　　　　　　　　　　　　D. 使用电锤的作业

6. 《未成年工特殊保护规定》规定，用人单位应当按下列要求对未成年工定期进行健康检查（　　）。
A. 安排工作岗位之前
B. 工作满半年
C. 工作满一年

D. 年满18周岁，距前次的体检时间已超过半年

7. 根据我国现行立法，禁止企业安排参加加班加点的职工包括（　　）。
A. 未成年人
B. 怀孕7个月以上的女工
C. 哺乳未满周岁婴儿的女工
D. 患病女工

8. 东星公司新建的化工生产线在投入生产过程中，下列哪些行为违反《劳动法》规定？（　　）
A. 安排女技术员参加公司技术攻关小组并到位于地下的设备室进行检测
B. 在防止有毒气体泄漏的预警装置调试完成之前，开始生产线的试运行
C. 试运行期间，从事特种作业的操作员已经接受了专门培训，但未取得相应的资格证书
D. 试运行开始前，未对生产线上的员工进行健康检查

9. 关于工资保障制度，下列哪些表述符合《劳动法》的规定？（　　）
A. 按照最低工资保障制度，用人单位支付劳动者的工资不得低于当地最低工资标准
B. 乡镇企业不适用最低工资保障制度
C. 加班工资不包括在最低工资之内
D. 劳动者在婚丧假以及依法参加社会活动期间，用人单位应当依法支付工资

10. 某建筑工程队低价招用20名学徒工，合同中规定他们每天必须从事高空作业或繁重的搬运工作，否则不能结算当月工资。用工当月，工程队因违反安全施工规定造成事故，致使学徒工多人伤亡。有关部门经调查发现这些学徒工均是不满15周岁的边远地区农民子弟。对此，下列劳动行政部门拟采取的措施哪些不符合法律规定？（　　）
A. 责令雇主解除劳动合同，遣返这批学徒工
B. 责令雇主承担遣返费用，并给予经济补偿
C. 收缴雇主在非法用工期间的经营所得
D. 告知事故受害者及其家属有向雇主索赔的权利，并协助他们向雇主索赔

11. 京州能源公司在京州市新建一座煤矿，年产能有望达到1000万吨，是公司扩大经营规模的重点项目。李某夫妇申请到新建的煤矿工作，下列有关说法正确的是？（　　）
A. 京州能源公司应定期安排李某夫妇进行健康检查
B. 京州能源公司应在矿井建成以后安装防瓦斯设备
C. 京州能源公司不得安排李某妻子在孕期参加夜班劳动
D. 京州能源公司可同时安排李某夫妇到井下操控设备

名词解释

1. 劳动保护
2. 劳动保护法
3. 劳动安全技术规程
4. 劳动卫生技术规程
5. 安全卫生设施"三同时"制度
6. 女职工特殊劳动保护
7. 未成年工特殊劳动保护
8. 职业病
9. 特种作业

简答题

1. 简述劳动保护法的特征。
2. 简述用人单位的劳动保护义务。

论述题

试论劳动保护的任务和方针。

劳动保障篇

第十二章 劳动就业

基础知识图解

劳动就业与失业的界定 ├ 劳动就业的界定 ├ 公民的就业资格
　　　　　　　　　　　　　　　　　└ 实现就业的界限
　　　　　　　　　　　└ 失业的界定

劳动就业基本原则 ├ 国家促进就业原则
　　　　　　　　├ 平等就业和双向选择原则
　　　　　　　　└ 照顾特殊群体就业原则

特殊就业保障 ├ 特殊就业保障的概念：国家对妇女、残疾人、少数民族人员、退役军人等特殊群体的就业采取的特殊保障措施
　　　　　　└ 特殊就业保障的主要内容

重点知识讲解

重点知识一：劳动就业与失业的界定

1. 劳动就业的界定。劳动法中的劳动就业，是指具有就业资格的公民获得某种有劳动报酬或劳动收入的职业。具体而言，它是指处于法定劳动年龄范围内，具有劳动能力和就业愿望的公民，参加国民经济中某个部门的社会劳动，从而获得劳动报酬或劳动收入作为其生活主要来源的状况。

其基本内涵包括以下要点：（1）公民的就业资格。此即国家确认的公民有权实现就业的资格，它包括两个必备条件：一是在法定劳动年龄范围内，且具有劳动能力；二是具有就业愿望。（2）实现就业的界限。此即国家确认的、公民已经实现就业的界限，也是国家据以确定就业人口范围和统计就业人口数量的标准。它一般要求公民从事的社会劳动必备以下特征：①具有合法性；②限于国民经济领域；③在一定时期内达到一定量。

2. 失业的界定。失业是指在法定劳动年龄范围内并且有劳动能力和就业愿望的公民未能实现就业的状态。失业作为一个法律概念，具有下述特征：

（1）失业者仅限于依据有关法规和政策应当保障其就业的公民。未满或超过法定劳动年龄者、完全丧失劳动能力者和无就业愿望者，以及在校学生、现役军人和其他依法无须保障其就业的人员，均不属于失业者。（2）失业必须是处于未获得就业岗位的状态。既包括从未获得就业岗位，也包括失去原有就业岗位后未获得新就业岗位。（3）失业不以未能获得就业岗位的原因为限。即法律意义上的失业，既包括自愿失业，也包括非自愿失业。（4）失业的表现形式仅以显性（或称外在性）失业为限。

重点知识二：劳动就业基本原则

1. 国家促进就业原则。劳动就业权是每个公民都享有的使自己劳动力与生产资料相结合实现职业劳动的权利。国家作为劳动就业权的相对义务主体，负有的不仅仅是不妨碍权利主体行使权利的不作为义务，而且要求采取一切措施发展经济，创造和扩大就业机会，以积极的作为促进和保障公民就业权利的实现。

2. 平等就业和双向选择原则。国家保障劳动者享受平等的就业权，任何个人和单位不得以任何借口在就业方面歧视劳动者。平等就业意味着公民在就业过程中均享有平等竞争的机会，即社会对公民的劳动能力要以同一尺度和标准衡量；通过公平竞争择优吸收劳动力就业。双向选择是指劳动者有权根据个人主观愿望和自身条件，自由选择职业，用人单位有权根据本单位的实际需要自主选择劳动者。通过相互选择，可以最大限度地发挥雇佣双方的积极性和能动性，推动社会主义市场经济的发展。

3. 照顾特殊群体就业原则。由于生理、健康、文化、历史、社会等因素的影响，劳动力市场上存在着一些处于劣势地位的特殊人员，如残疾人、妇女、少数民族人员、退役军人等。对这些特殊群体进行特殊就业保障，是人类进步和社会文明程度提高的标志。

重点知识三：特殊就业保障

1. 特殊就业保障的概念。特殊就业保障是指法规和政策特别规定，国家对妇女、残疾人、少数民族人员、退役军人等特殊群体的就业所采取的特殊保障措施。国家承担的保障公平就业任务，在很大程度上是通过为特殊群体提供就业保障来实现的。

2. 特殊就业保障的主要内容。我国《劳动法》规定，妇女享有同男子平等的就业权利；残疾人、少数民族人员、退役军人的就业，法律法规有特别规定的，从其规定。同时，《妇女权益保障法》《残疾人保障法》等法律法规中，对特殊就业保障也作了相应的规定。概言之，特殊就业保障的主要内容包括妇女就业保障、残疾人就业保障、退役军人就业保障、少数民族人员就业保障等。

配套测试

不定项选择题

1. 下列关于劳动就业与失业的判断中，正确的是（　　）。

A. 只要有劳动所得，就视为已经实现就业

B. 失业的表现形式包括隐蔽性失业

C. 凡是未就业的公民都是失业人员

D. 劳动就业实质就是劳动力与生产资料的结合

2. 下列论述中，符合劳动就业的法律特征的有（　　）。

A. 劳动就业的主体必须符合法定的就业年龄

B. 劳动就业必须使劳动者能够获得劳动报酬或经营收入

C. 劳动就业必须是出自公民的自愿

D. 劳动就业必须是能够为社会创造财富或有益于社会的劳动

3. 根据《劳动法》的规定，我国劳动就业原则有（　　）。

A. 国家促进就业原则

B. 平等就业原则和劳动者就业竞争原则

C. 劳动者与用人单位双向选择原则
D. 照顾特殊群体就业原则

4. 目前，我国劳动就业形式包括（　　）。
A. 国家安置就业　　　　　　　　　　B. 自愿组织就业
C. 职业机构介绍就业　　　　　　　　D. 自谋职业

5. 某私营企业的下列行为中，不符合《劳动法》规定的有（　　）。
A. 招收了2名15周岁的工人　　　　　B. 以性别为由拒绝招用4名女工
C. 辞退正在休产假的妇女2名　　　　D. 周末休息日加班未支付加班工资

6. 我国反就业歧视的范围包括（　　）。
A. 民族歧视　　　B. 种族歧视　　　C. 性别歧视　　　D. 宗教信仰歧视

7. 我国劳动就业服务的内容主要包括（　　）。
A. 失业保险　　　B. 就业前培训　　C. 以工代赈　　　D. 就业登记

8. 根据《劳动法》规定，属于特殊就业群体的有（　　）。
A. 妇女　　　　　B. 少数民族人员　C. 残疾人　　　　D. 退役军人

9. 就业登记包括（　　）。
A. 失业登记　　　B. 职业健康登记　C. 求职登记　　　D. 用人登记

10. 公民具备就业资格的条件包括（　　）。
A. 具有劳动能力　　　　　　　　　　B. 在法定年龄范围内
C. 有求职愿望　　　　　　　　　　　D. 有较好的道德品质

名词解释

1. 就业
2. 失业
3. 就业服务
4. 特殊就业保障
5. 就业歧视

简答题

1. 简述劳动就业的基本内涵。
2. 简述失业的法律特征。
3. 简述国家促进就业的主要任务。
4. 简述我国妇女就业保障的主要内容。

论述题

试述我国劳动就业的基本原则。

第十三章　职业培训

基础知识图解

职业培训与普通教育、职业基础教育
- 职业培训的概念
- 职业培训与普通教育的区别
  - 对象不同
  - 目标不同
  - 性质不同
  - 形式不同
- 职业培训与职业基础教育的区别
  - 内容不同
  - 性质不同
  - 形式不同
  - 管理体制不同
- 职业培训立法的原则
  - 先培后用原则
  - 按需培训原则
  - 培训费用合理分担原则
  - 培训效益责任原则
  - 学用一致原则

职业技能鉴定
- 职业技能鉴定的概念
- 职业技能鉴定的对象
- 职业资格证书

重点知识讲解

重点知识一：职业培训与普通教育、职业基础教育

1. 职业培训的概念。职业培训，又称职业技能培训或职业技术培训，是指根据社会职业的需求和劳动者从业的意愿及条件，按照一定标准，对劳动者进行的旨在培养和提高其职业技能的教育活动。它服从于社会职业的需求，满足于劳动者的从业意愿，适应于劳动者的从业条件，应符合职业标准化的要求。它与职业基础教育共同构成了职业教育体系，是职业技能开发体系的一个主体部分。

2. 职业培训与普通教育的区别。（1）对象不同。后者以非社会劳动者为对象，前者以社会劳动者为对象。

（2）目标不同。后者的目标在于普遍提高国民素质；前者则直接以职业能力开发为目标。

（3）性质不同。后者是常规教育，具有基础性、全面性和系统性；前者则是特需教育，具有选择性、单一性和实用性。

（4）形式不同。后者是有固定学制的学校教育，前者多是一种不拘形式的培训活动。

3. 职业培训与职业基础教育的区别。（1）内容不同。后者偏重于专业基础知识的传授，或者专业基础知识与操作技能并重；前者偏重于操作技能的传授。

（2）性质不同。后者为学历教育，有固定的学制，对学完规定课程并考试及格者发给学历证书；前者为非学历教育，学制不固定，对考试和考核合格者发给培训合格证书。

（3）形式不同。后者为学校常规教育，即由职业学校和普通学校以常规的教学方式实施；前者为非常规教育（含非学校教育），形式不一，大多由职业培训机构实施。

（4）管理体制不同。后者以教育行政部门管理为主，有的还可纳入普通教育体系；前者则以劳动行政部门管理为主，只纳入职业教育管理体系。

4. 职业培训立法的原则。（1）先培后用原则。先培后用，即先培训后就业或先培训后上岗，强调劳动力投入使用前必须先经培训。

（2）按需培训原则。即职业培训的方向、内容和规模的确定，甚至职业培训的形式和方法的选择，都应当以经济、社会发展的实际需要为根本依据。

（3）培训费用合理分担原则。即职业培训应当有偿进行，培训费用由国家依其职责和各方培训受益主体依其受益程度分担。

（4）培训效益责任原则。即公立培训实体及其主管人员，应对培训的社会效益和经济效益承担责任。

（5）学用一致原则。即劳动力的开发与利用应当紧密衔接，开发是手段，利用是目的，重在人才的充分利用。

重点知识二：职业技能鉴定

1. 职业技能鉴定的概念。职业技能鉴定，是指职业技能鉴定机构对劳动者职业技能所达到的等级，依法进行考核、评定和证明，从而赋予劳动者一定的职业资格。它是由政府批准的专门机构负责实施，以劳动者具有的并被列入国家规定职业范围的职业技能作为鉴定对象，以国家制定的职业技能标准作为鉴定依据，以考核、考评作为鉴定劳动者职业技能等级的手段，以颁发职业资格证书作为确认、证明劳动者职业技能达到一定等级的法定形式。

2. 职业技能鉴定的对象。目前，我国职业技能鉴定的主要对象有：（1）各类职业技术学校和培训机构毕（结）业生，凡属技术等级考核的工种，逐步实行职业技能鉴定；（2）企事业单位学徒期满的学徒工，必须进行职业技能鉴定；（3）企事业单位的职工以及社会各类人员，根据需要，自愿申请职业技能鉴定。

3. 职业资格证书。职业资格证书，是指有关部门通过学历认定、资格考试、专家评定、职业技能鉴定等方式作出综合评价，对合格者颁发的具有法律效力的证明文件。

职业资格证书的作用或效力，由国家法律赋予。有两种情形：一是只客观证明持证人具有相应的技术等级或学历，不涉及对劳动力的使用和待遇；二是不仅赋予证书客观证明的功能，而且赋予它权利凭证的性质，使证书所载的技术等级或学历，直接作为劳动力使用、待遇晋升的条件或资格。

配套测试

单项选择题

1. 下列关于职业技能培训的表述错误的是（　　）。
A. 职业技能培训不是职业技能开发体系组成部分
B. 职业教育体系主要由职业技能培训与职业基础教育构成
C. 职业技能培训应服从职业标准化的要求
D. 职业技能培训是职业技能开发的关键

2. 根据《劳动法》规定，国家确定职业分类，对规定的职业制定职业技能标准，实行（　　）。
A. 职业资格证书制度　B. 学历文凭制度　　C. 培训证书制度　　D. 技能分类制度

3. 学徒培训的目标是（　　）。
A. 后备中高级技术人员　　　　　　　B. 初级技术工人
C. 后备中级技术人员　　　　　　　　D. 后备中初级技术人员

4. 技工学校的培养目标是（　　）。
A. 初级技术人员　　B. 中高级技术人员　　C. 中级技术人员　　D. 中初级技术人员

5. 职业（技术）学校主要培养（　　）。
A. 初级技术、业务人员　　　　　　　B. 中高级技术人员
C. 中级技术、业务人员　　　　　　　D. 中初级技术人员

6. 成人高等学校的目标是培训（　　）。
A. 初级专业技术人才　　　　　　　　B. 中高级专业技术人才
C. 中级专业技术人才　　　　　　　　D. 中初级专业技术人才

7. 国家为提高青年劳动者素质、培养劳动后备军而推行的一项新型培训制度是（　　）。
A. 普通中等学校教育　　　　　　　　B. 劳动预备制度
C. 普通全日制高等学校教育　　　　　D. 成人高等学校教育

8. 职工教育的培训对象是（　　）。
A. 停薪留职的劳动者　　　　　　　　B. 用人单位新招录用的劳动者
C. 用人单位使用中的劳动者　　　　　D. 未上岗的劳动者

9. 职业技能鉴定指导中心是（　　）。
A. 国家机关　　　　B. 社会团体　　　　C. 企业组织　　　　D. 事业性机构

10. 下列关于我国现行职业资格证书的正确表述是（　　）。
A. 职业资格证书是权利凭证
B. 职业资格证书是经劳动、人事行政管理部门评定后核发的
C. 职业资格只客观证明持证人所具有的技术等级或学历
D. 职业资格直接关系到对劳动力的使用和待遇

多项选择题

1. 职业培训不同于普通教育的特点是（　　）。
A. 以社会劳动者为对象　　　　　　　B. 具有选择性、单一性
C. 以职业能力开发为目标　　　　　　D. 是国民教育体系的组成部分

2. 下列关于职业培训与职业基础教育的表述，哪几项正确？（　　）
　A. 二者都为非常规教育
　B. 前者纳入职业教育管理体系，后者纳入普通教育体系
　C. 前者为非学历教育，后者为学历教育
　D. 二者构成了职业教育体系的主体

3. 用人单位招收的学徒必须具备（　　）等基本条件。
　A. 身体健康　　　　　　　　　　B. 未婚
　C. 年龄不超 23 周岁　　　　　　D. 小学毕业以上文化程度

4. 就业训练的对象包括（　　）。
　A. 在职人员　　　B. 境外就业人员　　C. 出国劳务人员　　D. 个体劳动者

5. 技工学校的招生对象须符合的条件包括（　　）。
　A. 年满 16 周岁　　B. 初中毕业　　C. 未满 23 周岁　　D. 未婚

6. 职工培训的形式有（　　）。
　A. 在岗业余培训　　　　　　　　B. 离岗脱产学习
　C. 下岗人员专门培训　　　　　　D. 上岗前专门培训

7. 职业技能鉴定的范围包括（　　）。
　A. 学徒期内的学徒工　　　　　　B. 技术学校毕业生
　C. 职业学校结业生　　　　　　　D. 自愿申请鉴定的个体劳动者

名词解释

1. 职业培训
2. 职业技能开发
3. 劳动预备制培训
4. 职业技能鉴定
5. 职业资格证书

简答题

1. 简述职业培训与普通教育的联系和区别。
2. 简述职业培训与职业基础教育的区别。
3. 简述学徒培训法律关系的特征。
4. 简述职业培训的主要形式。
5. 简述职业技能鉴定的对象及体系。

第十四章 社会保险

基础知识图解

- 社会保险的界定
  - 社会保险的概念、基本属性
    - 概念
    - 基本属性：社会性；强制性；互济性；福利性；补偿性；差别性
  - 社会保险与社会福利、社会救济的区别
    - 实际保障面更宽
    - 保障标的更重要
    - 保障水平更高
    - 实施原则不同
    - 资金来源不同
  - 社会保险与商业人身保险的区别
    - 基本属性不同
    - 保险对象不同
    - 保险原则不同
    - 保险费负担不同
  - 社会保险法律调整原则
    - 社会保险水平与社会生产力发展水平相适应原则
    - 社会保险权利与义务相统一原则
    - 社会保险一体化和社会化相统一原则
    - 保障功能与激励机制相结合原则

- 社会保险基金及其统筹
  - 社会保险基金的概念
  - 社会保险基金统筹的概念
  - 社会保险基金的统筹范围
    - 用人单位范围
    - 劳动者范围
    - 险种和待遇项目范围
    - 地域范围

- 社会保险的基本险种
  - 养老保险
  - 失业保险
  - 工伤保险
  - 医疗保险
  - 生育保险

重点知识讲解

重点知识一：社会保险的界定

1. 社会保险的概念、基本属性。社会保险是指当劳动者完全或部分丧失劳动能力、暂时或永久丧失劳动机会的情况下，为了确保劳动者的生存和劳动力的再生产，由国家和社会采取的通过给予一定物质帮助，使其至少能维持基本生活需要的一种社会保障制度。其基本属性有：社会性；强制性；互济性；福利性；补偿性；差别性。

2. 社会保险与社会福利、社会救济的区别。（1）社会保险的实际保障面更宽。凡是参与劳动关系的劳动者都是社会保险的实际受益者，而社会福利的实际受益者仅限于处在特殊境况者，社会救济的实际受益者只限于无力维持最低生活者。

（2）社会保险的保障标的更重要。劳动风险是各个劳动者都可能遇到或经常遇到的风险，并且是直接、普遍和经常影响物质资料再生产和劳动力再生产的风险，因而对劳动者、国家和社会都更重要。

（3）社会保险的保障水平更高。社会福利的标准是维持或略高于一般生活水平，社会救济的资助额度仅限于维持最低生活需要，且属于临时性短期补助；社会保险待遇则在保障劳动者基本生活需要的前提下，略低于或不低于劳动者原有生活水平，并且属于经常性、长期性的物质帮助。

（4）实施原则不同。社会保险是双向的，实行权利义务对等原则；而社会福利和社会救济都是单向的，一般只强调国家和社会对个人的责任。

（5）资金来源不同。社会保险强调劳动者个人、用人单位与国家三方合理负担，分别按一定比例缴纳保险费；而社会福利和社会救济资金则来源于国家财政和社会各界捐助，社会成员没有缴费义务。

3. 社会保险与商业人身保险的区别。（1）基本属性不同。前者具有社会保障性质，后者具有商业性质。

（2）保险对象不同。前者的对象是劳动者及其家属的基本生活；后者则任何人都可参加，且以人的生命和身体为保险对象。

（3）保险原则不同。前者实行的是强制原则、非营利原则、物质帮助原则和偏重公平原则；后者实行自愿原则、营利原则、经济补偿原则和偏重效率原则。

（4）保险费负担不同。前者的保险费来自多层次、多方面，国家、企业和个人都要负担一部分，但以国家、企业负担为主；后者的保险费则来自投保人的缴纳，不由国家负担。

4. 社会保险法律调整原则。（1）社会保险水平与社会生产力发展水平相适应原则。社会保险需要社会生产力的发展为其提供可能和创造条件；同时，社会保险水平过高或过低，都会阻碍社会生产力的发展。

（2）社会保险权利与义务相统一原则。承担社会保险责任的用人单位和劳动者个人，必须首先尽到缴纳社会保险费用的义务，才能以此作为享受社会保险待遇的权利。

（3）社会保险一体化和社会化相统一原则。社会保险一体化原则即统一社会保险的项目、统一社会保险或基本社会保险的标准、统一社会保险的管理与实施机制等。社会保险社会化要求进一步扩大社会保险的覆盖范围，鼓励劳动者积极参与监督社会保险制度的实施。同时，还应实行社会保险管理的社会化。

（4）保障功能与激励机制相结合原则。社会保险制度是为实现社会公平而设立的，但社会保险在实质上不是超越劳动者自身行为以外的恩赐，它需要每个劳动者的积极参与和投入，与每个劳动者的切身利益挂钩。

重点知识二：社会保险基金及其统筹

1. 社会保险基金的概念。社会保险基金是指为了使社会保险有可靠的资金保障，国家通过立法要求全社会统一建立的，用于支付社会保险待遇的专项资金。社会保险基金按照保险类型确定资金来源，逐步实行社会统筹。用人单位和劳动者必须依法参加社会保险，缴纳社会保险费。

2. 社会保险基金统筹的概念。社会保险基金统筹是指在社会范围内，对社会保险基金的各种来源和用途作出统一规定、规划和安排，并据此对社会保险基金进行统一的收支、管理和运营，以保证其收支平衡，合理使用和安全、保值、增值，充分发挥其社会保障职能。

3. 社会保险基金的统筹范围。（1）用人单位范围。按照市场经济的要求，应当把各种用人单位都纳入统筹范围。

（2）劳动者范围。根据劳动法对劳动者予以平等保护的原则，凡参加统筹的用人单位，都应将其依法有权获得社会保险待遇的职工全部纳入统筹范围。此外，还有必要把统筹范围逐步扩及其他劳动者。

（3）险种和待遇项目范围。从保护劳动者的需要来看，原则上应将各险种的各个待遇项目全部纳入统筹范围。但是，在一个国家的一定时期，往往受制于经济发展水平、社会保险需要等因素，只将部分险种，有的险种只将部分待遇项目纳入统筹范围。

（4）地域范围。即在全国、全省、全市或全县的某一级范围内实行统筹。

重点知识三：社会保险的基本险种

1. 养老保险。养老保险，又称年金保险，是指劳动者在因年老或病残而丧失劳动能力的情况下，退出劳动领域，定期领取生活费用的一种社会保险制度。在我国，职工养老保险包括退休、离休、退职三种形式。

2. 失业保险。失业保险，在我国又称待业保险，是指劳动者在失业期间，由国家和社会给予一定物质帮助，以保障其基本生活并促进其再就业的一种社会保险制度。其保险事故仅限于非自愿失业；其所提供的物质帮助，不仅指失业救济金，还包括组织生产自救、专业训练等其他帮助形式；它具有双重功能，既保障失业者的基本生活，又促进失业者实现再就业，从而减少失业。

3. 工伤保险。工伤保险，又称职业伤害赔偿保险，是指职工因工致伤、残、病、死亡，依法获得经济赔偿和物质帮助的一种社会保险制度。它通过对工伤职工及其家庭提供医疗照顾、生活保障和经济赔偿，减轻工伤职工所受经济上的损害，并减轻用人单位的负担。

4. 医疗保险。医疗保险是指保障劳动者及其供养亲属非因工病伤后在医疗和生活上获得物质帮助的一种社会保险制度。医疗保险的保险事故仅限于职业病以外患病和工伤以外负伤，以及该病伤所致残疾。

5. 生育保险。生育保险，是指保障女职工因怀孕和分娩而从社会上获得物质帮助的一种社会保险制度。目前，我国生育保险只对已婚妇女劳动者实行经济帮助，只适用于达到法定婚龄的已婚女职工，并且还必须符合国家计划生育规定。

配套测试

单项选择题

1.《劳动法》第72条规定，用人单位和劳动者（　　）依法参加社会保险，缴纳社会保险费。

A. 必须　　　　　　B. 应当　　　　　　C. 可以　　　　　　D. 能够

2. 社会保险是一种保障制度，其性质是（　　）。
  A. 补偿性质 B. 赔偿性质
  C. 物质帮助性质 D. 兼具补偿性质和物质帮助性质
3. 在下面保险项目中，不属于社会保险的是（　　）。
  A. 失业保险 B. 生育保险
  C. 旅客意外伤害保险 D. 养老保险
4. 现代意义上的社会保险及其立法创始于（　　）。
  A. 英国 B. 法国 C. 美国 D. 德国
5. 社会保险法律关系中的被保险人特定为（　　）。
  A. 职工 B. 用人单位和职工
  C. 用人单位 D. 专门的保险机构
6. 《全国人民代表大会常务委员会关于实施渐进式延迟法定退休年龄的决定》规定，将逐步用15年的时间，将男职工的法定退休年龄从原（　　）周岁延迟至（　　）周岁，将女职工（干部）的法定退休年龄从原（　　）周岁延迟至（　　）周岁。
  A. 60，63，55，58 B. 60，65，55，60
  C. 60，63，50，53 D. 55，60，50，55
7. 孙某，国家公务员，现年56岁，连续工龄31年，则他（　　）。
  A. 经任免机关批准可以提前退休 B. 无须批准即可提前退休
  C. 不能提前退休 D. 不符合提前退休的批准条件
8. 职工或离退休人员死亡后，其基本养老保险个人账户的储存余额（　　）。
  A. 经批准可以继承 B. 不须批准就可以全部继承
  C. 纳入社会保险统筹基金 D. 只能继承一部分
9. 领取失业救济金的期限最长为（　　）。
  A. 6个月 B. 12个月 C. 24个月 D. 36个月
10. 城镇企业事业单位应当及时为失业人员出具终止或者解除劳动关系的证明，告知其按照规定享受失业保险待遇的权利，并将失业人员的名单自终止或者解除劳动关系之日起（　　）日内告知社会保险经办机构。
  A. 5 B. 10 C. 7 D. 15
11. 既具有补偿性质，又具有赔偿性质的社会保险是（　　）。
  A. 疾病保险 B. 失业保险 C. 养老保险 D. 工伤保险
12. 职工由于下列情形负伤、致残、死亡的，不应当认定为工伤的是（　　）。
  A. 劳动者在去企业上班的路上，因个人原因被自行车撞伤
  B. 工作过程中接触有毒气体，导致急性中毒的
  C. 因工外出，由于工作原因酒精中毒的
  D. 医护人员在救护病人过程中感染致病菌
13. 职工因工伤致残被鉴定为一级至四级伤残的，（　　），退出工作岗位，享受工伤保险待遇。
  A. 解除劳动关系 B. 双方协商变更劳动合同
  C. 保留劳动关系 D. 双方协商保留或解除劳动关系
14. 职工或者近亲属认为是工伤，用人单位不认为是工伤的，由（　　）承担举证责任。
  A. 用人单位 B. 职工
  C. 法院 D. 用人单位和职工分别举证

15.《国务院关于建立城镇职工基本医疗保险制度的决定》规定，基本医疗保险费缴费比例由企业负担（　　）%，个人负担（　　）%。随着经济发展，用人单位和职工缴费率可作相应调整。
　　A．6　2　　　　　　　B．6　4　　　　　　　C．4　2　　　　　　　D．5　2

16. 根据有关规定，企业职工患病或非因工负伤，需要停止工作治疗的，给予的医疗期为（　　）。
　　A．1个月至12个月　　B．12个月　　　C．3个月至18个月　　D．3个月至24个月

17. 用人单位无故不缴纳社会保险的，应责令其限期缴纳；逾期不缴纳的，除责令限期补交所欠款额外，可以按每日加收所欠款额（　　）滞纳金。
　　A．0.5‰　　　　　　B．2‰　　　　　　　C．5‰　　　　　　　D．2%

18. 风云装修公司承接了一项拆迁安置小区的装修项目，公司领导安排小杜去联系客户。为赶时间，小杜骑车速度过快，撞到正常步行的退休职工老梁，老梁只是受到轻微伤，但小杜受伤严重被鉴定为一级伤残。对此，下列哪一说法是正确的？（　　）
　　A．小杜对事故发生负有责任，社保机构可以此为由拒绝支付小杜相关费用
　　B．小杜可请求从工伤保险基金中按月支付伤残津贴
　　C．在小杜无能力支付的情况下，老梁只有自己承担医疗费
　　D．老梁可直接要求从其基本医保基金中支付医疗费用

19. 张某退伍前因一次救灾活动导致八级伤残，退伍后到大明公司工作，担任司机。某日，张某按照公司要求到机场接机，途中遭遇车祸造成五级伤残，并且导致在部队的旧伤复发。大明公司没有给张某缴纳工伤保险费，下列说法正确的是（　　）。
　　A．张某可以同时领取工伤保险和军人伤亡保险金
　　B．应当从军人保险基金中拨付工伤保险待遇支付给张某
　　C．张某可以申请退伍费的补偿
　　D．张某可以每月向公司领取伤残津贴

20. 农民刘某无固定工作，办理了个体工商户营业执照，通过网络直播卖山货获得收入，刘某在2024年年底满60周岁，50岁时刘某开始缴纳基本养老保险费，迄至2024年的基本养老保险费已全部缴纳，刘某在2024年年初遭遇车祸，致使丧失全部劳动能力，对此，下列哪一说法是错误的？（　　）
　　A．刘某可领取病残津贴
　　B．刘某缴纳的基本养老保险费，全部存入个人账户
　　C．刘某在补缴5年的基本养老保险费后，可按月领取基本养老金
　　D．刘某可转入新型农村社会养老保险

21. 甲公司请求乙公司派遣一名员工协助分担销售工作。乙公司派遣小李到甲公司工作，但乙公司没有为小李缴纳工伤保险费，小李在一次接客户的途中发生交通事故。下列有关说法正确的是？（　　）
　　A．小李可以就任甲公司销售经理
　　B．小李在甲公司的业绩很差，经过甲公司就业培训后仍然不见起色，甲公司有权将小李退回
　　C．因为乙公司没有为小李缴纳工伤保险费，小李不能享受工伤保险待遇
　　D．小李在获得工伤保险待遇后不可向肇事司机索赔

☑ 多项选择题

1. 根据《军人保险法》的相关规定，下列说法正确的是？（　　）
　　A．全军的军人保险工作由中国人民解放军军人保险主管部门负责

B. 军人保险基金包括军人伤亡保险基金、军人退役养老保险基金、军人退役医疗保险基金和随军未就业的军人配偶保险基金

C. 军人保险基金由个人缴费、中央财经负担的军人保险资金以及利息收入等资金构成

D. 军人服现役年限视同职工基本医疗保险缴费年限，可以与入伍前和退出现役后参加职工基本医疗保险的缴费年限合并计算

2. 社会保险与商业人身保险的区别有（　　）。

A. 被保险对象范围不同　　　　　　　B. 性质不同
C. 保险费负担不同　　　　　　　　　D. 保险原则不同

3. 在我国，社会保险制度由哪几个层次组成？（　　）

A. 国家基本保险　　　　　　　　　　B. 个人储蓄性保险
C. 集体基本保险　　　　　　　　　　D. 用人单位补充保险

4. 下列属社会保险待遇计算依据的有（　　）。

A. 工龄　　　　　B. 经济社会政策　　　C. 工资　　　　D. 保险费

5. 下列属社会保险待遇支付依据的有（　　）。

A. 生育　　　　　B. 服兵役　　　　　　C. 年老　　　　D. 负伤

6. 下列关于社会保险基金的表述，哪些符合《劳动法》的规定？（　　）

A. 国家设立社会保险基金，是为了使劳动者在年老、患病、工伤、失业、生育等情况下获得帮助和补偿

B. 用人单位和劳动者都必须依法缴纳社会保险费

C. 劳动者死亡后，其遗属依法享受社会保险基金支付的遗属津贴

D. 社会保险基金的经办机构负有使社会保险基金保值增值的责任

7. 社会保险具有的特征包括（　　）。

A. 强制性　　　　B. 社会性　　　　　　C. 自愿性　　　D. 差别性

8. 社会保险基金的筹集方式主要有（　　）。

A. 现收现付式　　B. 比例式　　　　　　C. 完全积累式　D. 半积累式

9. 我国现行社会保险的项目具体包括（　　）。

A. 养老保险　　　B. 医疗保险　　　　　C. 失业保险　　D. 工伤保险

10. 下列哪个社会保险项目中，劳动者不需承担社会保险费？（　　）

A. 生育保险　　　B. 医疗保险　　　　　C. 失业保险　　D. 工伤保险

11. 职工由于下列情形负伤、致残、死亡的，不应当认定为工伤的是（　　）。

A. 工作过程中接触有毒气体，导致急性中毒的

B. 劳动者在去企业上班的路上，因个人原因被自行车撞伤

C. 工作午餐时间，与同事饮酒导致酒精中毒

D. 医护人员在救护甲流患者过程中感染甲流

12. 下列情形中，停止发给失业救济金及其他费用的有（　　）。

A. 无正当理由，两次不接受有关部门介绍就业

B. 享受基本养老保险待遇的

C. 参军或出国

D. 重新就业

13. 下列情形中发生的急性伤害视同工伤的有（　　）。

A. 黄某因在单位工作不得志而自杀

B. 职工乔某在抗洪抢险中死亡

C. 职工林某上班时在办公室心脏病突发死亡
D. 退役军人孙某（取得革命伤残军人证），到某公司后旧伤复发的

14. 女职工生育的费用，由生育保险基金支付的有（　　）。
A. 检查费　　　　　　B. 接生费　　　　　　C. 手术费　　　　　　D. 就医路费

15. 关于基本养老保险的个人账户，下列哪些选项是正确的？（　　）
A. 职工个人缴纳的基本养老保险费全部记入个人账户
B. 用人单位缴纳的基本养老保险费按规定比例记入个人账户
C. 个人死亡的，个人账户余额可以继承
D. 个人账户不得提前支取

16. 关于社会保险制度，下列哪些说法是正确的？（　　）
A. 国家建立社会保险制度，是为了使劳动者在年老、患病、工伤、失业、生育等情况下获得帮助和补偿
B. 国家设立社会保险基金，按照保险类型确定资金来源，实行社会统筹
C. 用人单位和职工都有缴纳社会保险费的义务
D. 劳动者死亡后，其社会保险待遇由遗属继承

17. 甲公司与乙公司签订合同，由乙公司为其招聘劳务人员，乙公司将陈某派遣至甲公司工作。乙公司为陈某投保了人身意外险，后陈某在工作中意外死亡。以下说法不正确的是（　　）。
A. 甲公司应为陈某缴纳工伤保险费
B. 乙公司应为陈某缴纳工伤保险费
C. 乙公司已为陈某投保人身意外险，无须再缴纳工伤保险费
D. 只有陈某自行缴纳了工伤保险费，其父母才能领取相应的工伤保险待遇

名词解释

1. 社会保险
2. 社会保障
3. 社会福利
4. 社会救济
5. 连续工龄
6. 社会保险基金
7. 社会保险基金统筹

简答题

1. 简述社会保险的基本属性。
2. 简述社会保险在保障作用上与社会福利、社会救济的区别。
3. 试述社会保险与商业人身保险的关系。
4. 简述我国社会保险结构。
5. 简述社会保险基金的统筹范围。
6. 简述养老保险待遇的享受条件。
7. 简述失业保险待遇的享受条件及其内容。
8. 简述工伤保险的特征。
9. 简述工伤与非工伤的界限。
10. 简述医疗保险待遇的内容。

11. 简述生育保险待遇的内容。
12. 简述死亡保险待遇的内容。
13. 简述医疗保险与工伤保险的区别。

论述题

1. 试述社会保险法律调整的原则。
2. 试述工伤保险的归责原则。

案例分析题

1. 周某系某H公司员工，2019年3月进入该公司工作。2019年3月至2024年3月，H公司一直按照本单位工资总额的2%为公司员工缴纳失业保险费，同时，公司要求周某本人也以个人工资2%的标准缴纳失业保险费。从2024年4月开始，H公司由于效益下滑，没有继续为职工缴纳失业保险费。2024年5月，H公司因经济效益不好而被迫破产倒闭，周某因此失业。失业后，周某办理了失业登记，同时开始物色新的工作。

问题：(1) H公司在缴纳失业保险费方面是否合法？为什么？

(2) 周某是否有权领取失业保险金？为什么？

(3) 周某最多能领取多长时间的失业保险金？法律依据是什么？

(4) 周某如果在失业期间享受基本养老保险待遇，是否影响其享受失业保险金待遇？为什么？

2. 2023年5月，I公司高薪聘用了一位博士毕业生胡某担任软件开发部技术总监。双方在签订劳动合同时约定，胡某月工资为30000元，但公司不负责缴纳养老、医疗、工伤等社会保险费用。该公司为职工安排了接送上下班的交通车，胡某自2024年5月购买小轿车后，就不再乘本公司班车而驾驶自己的小轿车上下班。2024年6月10日，胡某在下班驾车回家途中，与另一辆违章驾驶的小轿车相撞，导致其腿部受伤。经交通管理部门认定，违章驾驶的小轿车车主应对这起交通事故负主要责任。治疗痊愈后，胡某要求I公司按工伤处理，而I公司认为双方已就社会保险事项达成协议，公司支付胡某高额工资，就是要胡某自行购买商业保险化解风险，胡某本人对此已经同意，无权反悔，受伤费用应由自己承担。胡某要求I公司向劳动保障行政部门提出工伤认定申请，被I公司拒绝。于是，双方产生争议。

问题：(1) 上述劳动合同中，有关社会保险费用承担问题的约定是否合法？为什么？

(2) 胡某因该起交通事故导致负伤是否应认定为工伤？法律依据何在？

(3) I公司拒绝提出工伤认定申请，胡某该怎么办？

第十五章 职工福利

基础知识图解

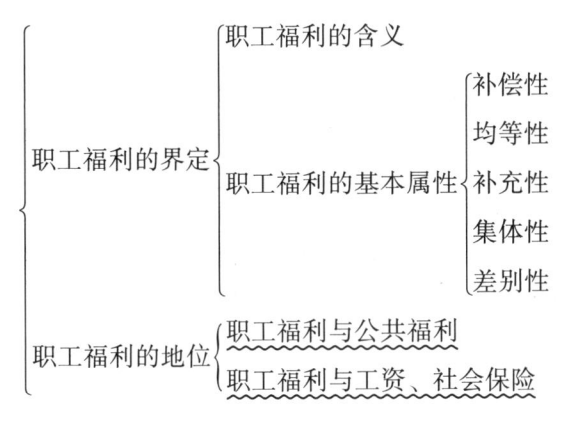

$$\left\{\begin{array}{l}\text{职工福利的界定}\left\{\begin{array}{l}\text{职工福利的含义}\\ \text{职工福利的基本属性}\left\{\begin{array}{l}\text{补偿性}\\ \text{均等性}\\ \text{补充性}\\ \text{集体性}\\ \text{差别性}\end{array}\right.\end{array}\right.\\ \text{职工福利的地位}\left\{\begin{array}{l}\text{职工福利与公共福利}\\ \text{职工福利与工资、社会保险}\end{array}\right.\end{array}\right.$$

重点知识讲解

重点知识一：职工福利的界定

1. 职工福利的含义。职工福利，又称职业福利或劳动福利，是指用人单位和有关社会服务机构为满足劳动者生活的共同需要和特殊需要，在工资和社会保险之外向职工及其亲属提供一定货币、实物、服务等形式的物质帮助。

2. 职工福利的基本属性。（1）补偿性。即职工福利是劳动者所提供劳动的一种物质补偿，享受职工福利须以履行劳动义务为前提。

（2）均等性。即每个职工都有享受本单位职工福利的均等权利，都能共同享受本单位分配的福利补贴和举办的各种福利事业。

（3）补充性。职工福利不是个人消费品分配的主要形式，而仅仅是工资的必要补充。

（4）集体性。即职工福利的主要形式是兴办集体福利事业，职工主要是通过集体消费或共同使用公共设施的方式分享职工福利。

（5）差别性。即在不同的用人单位之间，职工福利由于同经济效益相联系而有一定差别；在同一用人单位的各个职工之间，因某些职工福利项目同个人劳动贡献相联系也有一定差别。

重点知识二：职工福利的地位

职工福利是社会福利的重要组成部分，是个人生活消费品分配的一种需要形式。故应从以下几个方面的比较中认识职工福利的地位。

1. **职工福利与公共福利**。职工福利与公共福利的联系表现在：社会福利体系主要由公共福利和职工福利构成，二者都是以满足社会成员的物质和精神生活需要、维护和提高社会成员的生活质量为基本任务，以实现社会公平为主要价值目标的物质帮助形式；并且，在职工福利社会化的过程中，职工福利设施可以兼有一定的公共福利职能，公共福利设施可以承担一定的职工福利任务。

职工福利与公共福利的主要区别在于：（1）前者由用人单位举办或者负担费用；后者由国家和社会举办和负担费用。（2）前者的享受主体只限于特定用人单位的职工（包括退休人员）及其亲属；后者的享受主体则是全体社会成员。

2. 职工福利与工资、社会保险。在个人消费品分配体系中，职工福利同工资和社会保险一样，都是基于劳动关系的个人消费品分配形式，都以劳动者向社会提供了劳动作为享受的前提，都是劳动者的必要劳动创造的价值，都属于劳动力再生产的费用。它们的区别主要在于：

（1）工资是在劳动过程中进行个人消费分配的主要形式；社会保险是在劳动者丧失劳动能力或劳动机会期间进行个人消费品分配的主要形式；职工福利则一般是劳动过程中进行个人消费品分配的辅助形式，亦即工资的补充形式。

（2）工资是对劳动者当期劳动的报酬，实行按劳分配原则；社会保险是对劳动者以往所提供劳动的补偿，主要按劳动者的基本生活需要进行分配；职工福利虽然要求劳动者以提供劳动为享受的前提，但不要求与劳动义务对等，而是按照需要和可能、均等和共享的原则进行分配。

（3）工资由用人单位以货币形式直接给付，完全由职工个人自由支配；社会保险待遇主要由社会保险经办机构和有关社会保险服务机构以货币、服务等形式给付，仅货币给付部分由享受者自由支配；职工福利主要由用人单位以兴办公用设施、提供集体服务的形式给付，仅发给个人的补贴、实物，才由享受者自由支配。

配套测试

不定项选择题

1. 下列关于职工福利的表述错误的是（　　）。
A. 享受职工福利以履行劳动义务为前提
B. 职工福利是工资的替代形式
C. 职工福利的主要形式是举办集体福利事业
D. 职工福利具有机会均等和利益均等的特点

2. 我国职工福利立法的任务包括（　　）。
A. 确立职工福利的地位　　　　　　　B. 确立职工福利的水平
C. 优化职工福利的结构　　　　　　　D. 设计职工福利的举办方式

3. 职工福利机构组成人员包括（　　）。
A. 劳动行政部门代表　　　　　　　　B. 企业主管部门代表
C. 福利事业工作人员　　　　　　　　D. 单位行政代表

4. 职工福利的基金来源于（　　）。
A. 企业自筹　　　　　　　　　　　　B. 财政补贴
C. 从企业收入中提取　　　　　　　　D. 工会会费

5. 职工个人福利补贴的内容包括（　　）。
A. 职工伙食补贴　　　　　　　　　　B. 职工生活困难补助
C. 职工探亲补贴　　　　　　　　　　D. 职工房租补贴

6. 职工集体生活福利设施包括的项目有（　　）。
A. 水电补贴　　　　B. 职工幼儿园　　　　C. 职工图书馆　　　　D. 职工食堂

名词解释

1. 职工福利
2. 职工福利机构
3. 职工福利基金
4. 职工个人福利补贴
5. 职工集体福利

简答题

1. 简述职工福利的基本属性。
2. 简述职工福利与公共福利的联系和区别。
3. 简述职工福利与工资和社会保险的区别。
4. 简述职工福利机构民主管理性质的体现。
5. 简述职工福利基金的特别保护措施。

劳动执法篇

第十六章 劳动争议处理

基础知识图解

$$
\left\{
\begin{array}{l}
劳动争议的界定 \left\{
\begin{array}{l}
劳动争议的含义 \left\{
\begin{array}{l}
广义是指劳动关系双方当事人或其团体之间关于劳动权利和劳动义务的争议 \\
狭义仅指劳动关系双方当事人之间关于劳动权利和劳动义务的争议
\end{array}
\right. \\
个别争议、集体争议与团体争议 \\
利益争议与权利争议
\end{array}
\right. \\
劳动争议处理体制 \left\{
\begin{array}{l}
\underline{处理劳动争议的主要方式：协商、调解、仲裁和诉讼} \\
\underline{集体合同争议的处理}
\end{array}
\right.
\end{array}
\right.
$$

重点知识讲解

重点知识一：劳动争议的界定

1. 劳动争议的含义。劳动争议，又称劳动纠纷，其广义是指劳动关系双方当事人或其团体之间关于劳动权利和劳动义务的争议；其狭义仅指劳动关系双方当事人之间关于劳动权利和劳动义务的争议。劳动立法和劳动法学中的劳动争议，一般取其狭义。

其基本含义包括以下几个方面：(1) 劳动争议的当事人，一方为劳动者或其团体，另一方为用人单位或其团体。(2) 劳动争议的内容涉及劳动权利和劳动义务。(3) 劳动争议的形式，表现为当事人双方提出不同主张和要求的意思表示。

2. 个别争议、集体争议与团体争议。个别争议，又称个人争议，是指单个职工与用人单位之间的劳动争议。它是关于单个劳动关系的争议，其职工当事人仅限于1人或2人，争议处理活动须由职工当事人本人参加，而不得由他人代为参加，争议的调解、仲裁和诉讼都适用普通程序，不适用特别程序。

集体争议，又称多人争议，是指多个（或称部分）职工当事人基于共同理由与用人单位或其团体之间而发生的劳动争议。

团体争议，又称集体合同争议，是指工会与用人单位或其团体之间因集体合同而发生的争议。集体争议与团体争议在当事人、争议标的、争议处理等方面存在着区别。

3. 利益争议与权利争议。利益争议，又称确定权利的争议，是指因主张有待确定的权利和义务所发生的争议。权利争议，又称实现既定权利的争议，是指因实现劳动法、集体合同和劳动合同所规定的权利和义务所发生的争议。权利争议与利益争议的区别主要有：(1) 争议的标的不同；(2) 争议的表现形式不同；(3) 处理方式不同。

重点知识二：劳动争议处理体制

1. 处理劳动争议的方式及其相互关系。在我国，劳动争议的处理方式主要有协商、调解、仲裁和诉讼四种方式。

劳动争议发生后，当事人应当协商解决，协商一致后，双方可达成和解协议，但和解协议无必须履行的法律效力，而是由双方当事人自觉履行。协商不是处理劳动争议的必经程序，当事人不愿协商或协商不成，可以向本单位劳动争议调解委员会申请调解。调解也不是处理劳动争议的必经程序。当事人不愿协商、调解或者协商、调解不成的，可以向劳动争议仲裁委员会申请仲裁。仲裁是处理劳动争议的法定必经程序。对仲裁不服的，可以向人民法院起诉，在起诉前必须先经过仲裁程序。

协商与调解达成的协议，双方当事人应当自觉履行，协议没有强制执行力；对仲裁裁决无异议的，当事人必须履行，一方当事人在法定期限内不起诉又不履行仲裁裁决的，另一方当事人可以申请人民法院强制执行；劳动争议诉讼所产生的生效裁判，具有当然的强制执行力。

2. 集体合同争议的处理。集体合同争议，是指集体合同当事人双方在集体合同运行过程中发生的关于设定或实现集体劳动权利义务的争议。因签订集体合同发生争议，当事人协商解决不成的，由当地人民政府劳动行政部门组织有关各方协调处理。因履行集体合同发生争议，当事人协商解决不成的，可以向劳动争议仲裁委员会申请仲裁；对仲裁裁决不服的，可以自收到仲裁裁决书之日起15日内向人民法院提起诉讼。

配套测试

单项选择题

1. 根据劳动法的规定和劳动关系的性质，下列哪一项纠纷属于劳动争议？（　　）
A. 某私营企业职工张某与某地方劳动保障行政部门的工伤认定机关因工伤认定结论而发生的争议
B. 进城务工的农民黄某与其雇主某个体户之间因支付工资报酬发生的争议
C. 某国有企业退休职工王某与社会保险经办机构因退休费用的发放而发生的争议
D. 某有限责任公司的职工李某是该公司的股东之一，因股息分配与该公司发生的争议

2. 下列人员中，与其所在用人单位发生劳动争议，可以向当地劳动争议仲裁委员会申请劳动争议仲裁的是（　　）。
A. 某市工商局副局长　　　　　　　B. 某证券公司营业部部门经理
C. 某区城管监察大队执法员　　　　D. 某证监局局长

3. 我国现行劳动争议处理制度，实行（　　）。
A. 自愿调解、自愿仲裁　　　　　　B. 强制调解、强制仲裁
C. 强制调解、自愿仲裁　　　　　　D. 自愿调解、强制仲裁

4. 提出仲裁要求的一方应当自劳动争议发生之日起（　　）内向劳动争议仲裁委员会提出书面申请。
A. 3个月　　　B. 6个月　　　C. 1年　　　D. 60日

5. 劳动争议当事人对仲裁裁决不服的，可以自收到裁决书之日起（　　）内向人民法院提起诉讼。
A. 10日　　　B. 30日　　　C. 15日　　　D. 60日

6. 《劳动法》规定，因签订集体合同发生的争议，当事人协商解决不成的，可以（　　）。
A. 由当地人民政府劳动行政部门组织各方协调处理
B. 由基层调解委员会调解解决
C. 由仲裁机构仲裁裁决
D. 由人民法院作出判决或裁决

7. 根据《企业劳动争议协商调解规定》的规定，调解员的聘期至少为（　　），可以续聘。
A. 半年　　　　　B. 一年　　　　　C. 两年　　　　　D. 五年

8. 发生劳动争议，当事人可以（　　）形式向调解委员会提出调解申请。
A. 口头　　　　　B. 书面　　　　　C. 口头或者书面　　　　　D. 口头和书面

9. 我国境内用人单位与被聘用的外国人发生劳动争议，（　　）适用《劳动法》。
A. 应当　　　　　B. 不应当　　　　　C. 经双方同意　　　　　D. 不一定

10. 用人单位与其他单位合并的，合并前发生的劳动争议，由（　　）的单位为当事人；用人单位分立为若干单位的，其分立前发生的劳动争议，由（　　）用人单位为当事人。
A. 合并后　分立后的实际
B. 合并前　分立前的实际
C. 合并后　分立前的实际
D. 合并前　分立后

11. 职工李某持公司的工资欠条直接向人民法院起诉，只提出一个诉讼请求，即请求法院判决其所在公司支付拖欠的工资。对于此案，人民法院应当（　　）。
A. 驳回起诉
B. 按照劳动纠纷受理
C. 不予受理，告知先行仲裁
D. 按照普通民事纠纷受理

12. 劳动者在用人单位与其他平等主体之间的承包经营期间，与承包方发生劳动争议，依法向人民法院起诉的，应当将（　　）作为当事人。
A. 承包方　　　　B. 发包方　　　　C. 承包方和发包方　　　　D. 发包方或承包方

13. 当事人在劳动争议调解委员会主持下仅就劳动报酬争议达成调解协议，用人单位不履行调解协议确定的给付义务，劳动者直接向人民法院起诉的，人民法院（　　）。
A. 应当驳回起诉
B. 应当按照劳动纠纷受理
C. 应当不予受理，告知先行仲裁
D. 可以按照普通民事纠纷受理

14. 陈某大学毕业后被某网络公司聘用。工作期间，陈某与公司因社会保险问题发生争议。关于该争议解决方法，下列哪一选项是正确的？（　　）
A. 陈某可提请仲裁，但在此之前必须先申请调解
B. 陈某可提请仲裁，但在此之后不能够提起诉讼
C. 社会保险问题不适用劳动争议仲裁，陈某可直接向法院起诉
D. 陈某可自己与公司协商，也可请工会或者第三人共同与公司协商

15. 章某与电力公司解除劳动合同纠纷一案，经过 A 市甲区人民法院审理后，判决解除章某与电力公司之间的劳动合同关系。章某不服上诉至 A 市中级人民法院，提出该案未经过劳动争议仲裁，甲区人民法院不应当受理此案。A 市中级人民法院经查属实。A 市中级人民法院下列哪一处理是正确的？（　　）
A. 判决驳回上诉，维持原判决
B. 查清事实后，依法改判
C. 裁定撤销原判，发回重审
D. 裁定撤销原判，驳回起诉

16. A 省的甲劳务派遣公司把李某派遣到 B 省的乙公司工作，李某工作一年以来一直没发过工资，李某分别向甲劳务派遣公司所在地和乙公司所在地的仲裁机构申请了仲裁，均被受理，最终应由哪个仲裁机构管辖？（　　）
A. 乙公司所在地的仲裁机构管辖
B. 甲劳务派遣公司所在地的仲裁机构管辖

C. 先受理的仲裁机构管辖 D. 两个仲裁机构协商管辖

17. 加号公司与乔某签订劳动合同，后乔某于 2023 年离职，2024 年向劳动仲裁委申请仲裁，追索加号公司拖欠的劳动报酬，因生活费不能支撑其正常生活，乔某申请仲裁委裁决先行予以支付，对此劳动仲裁委怎么处理？（ ）

A. 移送加号公司住所地法院审查 B. 裁决先予执行，由劳动仲裁委执行
C. 裁决先予执行，移送公司住所地法院执行 D. 不予准许先予执行

多项选择题

1. 依照法律规定，下列哪些争议属于劳动争议，当事人可通过劳动纠纷处理程序解决（ ）。
A. 甲调离单位时不服单位要其缴纳在职攻读学位期间由单位支付的培训费而发生的纠纷
B. 乙因不服自己所在企业在分房时未分给其住房而发生的福利纠纷
C. 丙因单位未批其探亲假而发生的纠纷
D. 丁因雇主（个体工商户）未支付工资而发生的纠纷

2. 我国处理劳动争议，应当遵循以下原则（ ）。
A. 着重调解、及时处理原则 B. 依法处理原则
C. 公正处理原则 D. 三方原则

3. 我国劳动争议处理机构包括（ ）。
A. 企业劳动争议调解委员会 B. 劳动争议仲裁委员会
C. 人民法院 D. 人民检察院

4. 劳动争议的处理着重调解是指在（ ），在尊重当事人自愿的前提下，经调解争取双方达成和解，结束争议。
A. 企业劳动争议调解委员会处理劳动争议时
B. 劳动争议仲裁委员会处理劳动争议时
C. 人民法院处理劳动争议案件时
D. 工会处理劳动争议时

5. 根据我国《劳动法》关于劳动争议的规定，下列哪些说法是错误的？（ ）
A. 企业与职工就劳动争议达成和解协议即具有法律效力，任何一方不得再申请仲裁或诉讼
B. 劳动争议发生后 6 个月内，企业或者职工任何一方均可依据仲裁协议申请仲裁
C. 劳动争议发生后，当事人只能先向劳动争议仲裁委员会申请仲裁，不能直接向人民法院提起诉讼
D. 劳动争议仲裁裁决书自送达之日起即发生法律效力

6. 下列关于劳动争议解决方式的表述，哪些是正确的？（ ）
A. 调解原则适用于劳动仲裁和诉讼程序
B. 在劳动仲裁前必须先行调解
C. 劳动争议仲裁的裁决是终局的
D. 在当事人提起诉讼之前，必须先行进行劳动仲裁

7. 孙某大学毕业后到广州自谋职业，由广州市人才交流服务中心推荐到某信息中心工作。孙某到该信息中心正式上班后，双方并未签订劳动合同。不久后，孙某因工负伤住院，花去医疗费若干。该信息中心以未签订劳动合同为由拒付医疗费。孙某应如何请求解决？（ ）
A. 孙某必须首先向该信息中心劳动争议调解委员会申请调解；调解不成，可向劳动争议仲裁委员会申请仲裁
B. 孙某可直接向劳动争议仲裁委员会申请仲裁，无须先行经过调解

C. 孙某只能向法院起诉，因为其与用人单位未签订协议

D. 孙某必须先向劳动争议仲裁委员会申请仲裁，对此仲裁裁决不服，方可向法院起诉

8. 可供当事人选择的劳动争议调解组织有（　　）。

A. 企业劳动争议调解委员会

B. 劳动争议仲裁委员会

C. 基层人民调解组织

D. 乡镇、街道劳动争议调解组织

9. 以下各项原则中，属于协商、调解劳动争议应遵循的原则的有（　　）。

A. 平等原则　　　　B. 自愿原则　　　　C. 公正原则　　　　D. 调解原则

10. 下列纠纷不属于劳动争议的是（　　）。

A. 劳动者与用人单位因住房制度改革产生的公有住房转让纠纷

B. 劳动者请求社会保险经办机构发放社会保险金的纠纷

C. 个体工匠与帮工、学徒之间的纠纷

D. 农村承包经营户与受雇人之间的纠纷

11. A公司招用尚未解除劳动合同的B公司员工甲引发的争议中，就确定当事人问题，下述说法正确的是（　　）。

A. 如B公司起诉甲违反公司劳动纪律，则可以以A公司和甲为共同被告

B. 如B公司以A公司侵权为由起诉，则应以A公司为被告

C. 如B公司以A公司和甲共同侵权为由起诉，则应当以A公司和甲为共同被告

D. 如B公司以A公司侵权为由起诉，则应以A公司为被告，甲可列为第三人

12. 甲、乙、丙、丁为某化工厂的技术人员，四人受该厂指派完成一项技术革新项目，该工厂领导当时允诺如按期完成项目则每人奖励10000元。现技术任务已按期完成，但该厂领导说10000元太多，其他职工有意见，只能每人奖励1000元。于是，四人与该厂领导产生争议。对于本案，下列选项中正确的是（　　）。

A. 甲、乙、丙、丁可以提起劳动争议仲裁，如提起仲裁，则甲、乙、丙、丁既可同时参加仲裁活动，也可推举代表参加仲裁活动

B. 甲、乙、丙、丁不能直接向人民法院起诉

C. 化工厂依约发放奖金，则甲、乙、丙、丁应缴纳个人所得税

D. 若该项技术获得专利，则专利权应属于甲、乙、丙、丁共有

13. 下列哪些情形不属于《劳动争议调解仲裁法》规定的劳动争议范围？（　　）

A. 张某自动离职一年后，回原单位要求复职被拒绝

B. 郑某辞职后，不同意公司按存款本息购回其持有的职工股，要求做市场价评估

C. 秦某退休后，因社会保险经办机构未及时发放社会保险金，要求公司协助解决

D. 刘某因工伤致残后，对劳动能力鉴定委员会评定的伤残等级不服，要求重新鉴定

14. 李某因追索工资与所在公司发生争议，遂向律师咨询。该律师提供的下列哪些意见是合法的？（　　）

A. 解决该争议既可与公司协商，也可申请调解，还可直接申请仲裁

B. 应向劳动者工资关系所在地的劳动争议仲裁委提出仲裁请求

C. 如追索工资的金额未超过当地月最低工资标准12个月金额，则仲裁裁决为终局裁决，用人单位不得再起诉

D. 即使追索工资的金额未超过当地月最低工资标准12个月金额，只要李某对仲裁裁决不服，仍可向法院起诉

15. 甲公司与梁某签订劳动合同后，与乙公司签订劳务派遣协议，派梁某到乙公司做车间主任，派遣期 3 个月。2023 年 1 月至 2024 年 7 月，双方已连续 6 次续签协议，梁某一直在乙公司工作。2024 年 6 月，梁某因追索上一年加班费与乙公司发生争议，申请劳动仲裁。下列哪些选项是正确的？（　　）

A. 乙公司是在辅助性工作岗位上使用梁某，符合法律规定
B. 乙公司是在临时性工作岗位上使用梁某，符合法律规定
C. 梁某申请仲裁不受仲裁时效期间的限制
D. 梁某申请仲裁时应将甲公司和乙公司作为共同当事人

16. 友田劳务派遣公司（住所地为甲区）将李某派遣至金科公司（住所地为乙区）工作。在金科公司按劳务派遣协议向友田公司支付所有费用后，友田公司从李某的首月工资中扣减了 500 元，李某提出异议。对此争议，下列哪些说法是正确的？（　　）

A. 友田公司作出扣减工资的决定，应就其行为的合法性负举证责任
B. 如此案提交劳动争议仲裁，当事人一方对仲裁裁决不服的，有权向法院起诉
C. 李某既可向甲区也可向乙区的劳动争议仲裁机构申请仲裁
D. 对于友田公司给李某造成的损害，友田公司和金科公司应承担连带责任

17. 邹某系甲公司员工，双方未签订书面劳动合同，后邹某因工受伤，再未到公司工作，公司也未出具解除劳动合同的证明。后因解除劳动合同问题，邹某提起仲裁，要求公司支付未签订劳动合同的双倍工资差额，公司不服仲裁裁决提起诉讼。下列选项说法错误的是（　　）。

A. 邹某在仲裁时，未提供由甲公司掌握管理的入职资料的，应承担不利后果
B. 邹某在诉讼中，应对提供由甲公司掌握管理的工资清单承担举证责任
C. 甲公司在仲裁时，未及时提供由其掌握管理的邹某工资清单的，应承担不利后果
D. 如甲公司系小微企业，在诉讼时就无须对解除劳动合同时间承担举证责任

18. 胡某是某科技公司的技术骨干，正在主持公司重大科研项目，因即将出国留学欲辞职。公司声称，胡某辞职将使公司项目受挫，给公司造成重大损失，所以拒绝胡某辞职。法律援助机构的刘某协助胡某成功离职，但是公司拒不支付胡某最后一个月工资，胡某欲申请劳动仲裁。下列说法正确的是（　　）。

A. 胡某辞职的理由不合理，不能辞职
B. 在律所执业满 1 年的马律师可以做仲裁员
C. 胡某可以委托刘某作为代理人参加仲裁
D. 仲裁裁决作出后，公司认为仲裁违反法定程序的，可向法院申请撤销仲裁裁决

19. 下列哪些争议适用《劳动争议调解仲裁法》？（　　）

A. 张某在甲公司工作 1 年，但一直未签劳动合同，双方就是否存在劳动关系发生争议
B. 进城务工的农民孙某与某餐饮公司因支付劳动报酬发生争议
C. 李某在丙高校教授评选中落选，李某不服
D. 赵某因屡次迟到被公司辞退，赵某不服

不定项选择题

1. （　　）之间关于劳动权利义务的争议，属于劳动争议。

A. 职工甲与职工乙　　　　　　　　B. 用人单位与劳动行政部门
C. 用人单位甲与用人单位乙　　　　D. 外资企业与外籍职工

2. 下列纠纷中属于劳动争议的是（　　）。

A. 厂长与职工因个人债务的纠纷

B. 职工就社会保险待遇与社会保险经办机构发生的纠纷
C. 企业不服劳动监察部门因执行劳动法引起的纠纷
D. 劳动者与用人单位因支付工资报酬引起的纠纷

3. 关于集体合同争议解决方式的表述错误的是（   ）。
A. 可以通过仲裁方式解决
B. 可以通过基层调解解决
C. 不适用诉讼方式
D. 须先经仲裁，才可以提起诉讼

4. 下列说法正确的是（   ）。
A. 个别争议是关于单个劳动关系的争议
B. 集体争议是工会与用人单位或其团体之间的争议
C. 团体争议就是集体争议
D. 集体争议不是团体争议

5. 当事人可以申请劳动争议仲裁委员会仲裁人员回避的情形有（   ）。
A. 仲裁员是劳动争议的当事人
B. 仲裁员与劳动争议有利害关系
C. 仲裁员接受了代理人的请客送礼
D. 仲裁员是劳动争议当事人的近亲属

6. 下列文书中，（   ）具有强制执行效力。
A. 仲裁裁决书　　　B. 基层调解协议　　　C. 法院判决　　　D. 仲裁调解书

7. 下列事由中，能够引起仲裁时效中断的是（   ）。
A. 对方当事人同意履行义务
B. 向单位调解委员会申请调解
C. 向劳动监察大队请求处理
D. 申请劳动争议仲裁

8. 某建筑公司拖欠多名农民工的工资达半年，农民工反复索要无果，遂向当地劳动行政主管部门投诉。在调查处理过程中，公司提出有个别农民工偷窃和毁坏设备，但查不出何人所为，所以让全体农民工承担连带责任，以工资抵偿损失。

请回答第（1）~（2）题。

（1）对于农民工的请求，劳动行政主管部门可以作出下列何种决定？（   ）
A. 告知农民工直接向人民法院提起诉讼
B. 责令公司支付所欠农民工工资
C. 将案件提交劳动争议仲裁委员会仲裁
D. 对公司提出警告、责令改正、处以罚款

（2）对于上题建筑公司的主张，劳动行政主管部门应如何认定？（   ）
A. 公司让全体农民工对偷窃和毁坏设备者造成的损失承担连带责任，于法无据
B. 全体农民工有义务与公司协商确定赔偿损失的数额
C. 偷窃和毁坏设备事件与农民工工资无关，应循其他合法途径另行解决
D. 全体农民工有义务查出偷窃和毁坏设备者，查出前可暂扣部分工资作为保证

9. 李某原在甲公司就职，适用不定时工作制。2022年1月，因甲公司被乙公司兼并，李某成为乙公司职工，继续适用不定时工作制。2022年12月，由于李某在年度绩效考核中得分最低，乙公司根据绩效考核制度中"末位淘汰"的规定，决定终止与李某的劳动关系。李某于2023年11月提出劳动争议仲裁申请，主张：原劳动合同于2022年3月到期后，乙公司一直未与本人签订新的书面劳动合同，应从4月起每月支付2倍的工资；公司终止合同违法，应恢复本人的工作。

请回答第（1）~（4）题。

（1）关于李某申请仲裁的有关问题，下列选项正确的是（   ）。
A. 因劳动合同履行地与乙公司所在地不一致，李某只能向劳动合同履行地的劳动争议仲裁委员会申请仲裁

B. 申请时应提交仲裁申请书，确有困难的也可口头申请
C. 乙公司对终止劳动合同的主张负举证责任
D. 对劳动争议仲裁委员会逾期未作出是否受理决定的，李某可就该劳动争议事项向法院起诉

（2）关于未签订书面劳动合同期间支付2倍工资的仲裁请求，下列选项正确的是（　　）。

A. 劳动合同到期后未签订新的劳动合同，李某仍继续在公司工作，应视为原劳动合同继续有效，故李某无权请求支付2倍工资
B. 劳动合同到期后应签订新的劳动合同，否则属于未与劳动者订立书面劳动合同的情形，故李某有权请求支付2倍工资
C. 李某的该项仲裁请求已经超过时效期间
D. 李某的该项仲裁请求没有超过时效期间

（3）关于恢复用工的仲裁请求，下列选项正确的是（　　）。

A. 李某是不定时工作制的劳动者，该公司有权对其随时终止用工
B. 李某不是非全日制用工的劳动者，该公司无权对其随时终止用工
C. 根据该公司末位淘汰的规定，劳动合同应当终止
D. 该公司末位淘汰的规定违法，劳动合同终止违法

（4）如李某放弃恢复工作请求而要求其他补救，下列选项正确的是（　　）。

A. 李某可主张公司违法终止劳动合同，要求支付赔偿金
B. 李某可主张公司规章制度违法，损害劳动者权益，要求即时辞职及支付经济补偿金
C. 李某可同时获得违法终止劳动合同的赔偿金和即时辞职的经济补偿金
D. 违法终止劳动合同的赔偿金的数额多于即时辞职的经济补偿金

10. 某商场使用了由东方电梯厂生产、亚林公司销售的自动扶梯。某日营业时间，自动扶梯突然逆向运行，造成顾客王某、栗某和商场职工薛某受伤，其中栗某受重伤，经治疗半身瘫痪，数次自杀未遂。现查明，该型号自动扶梯在全国已多次发生相同问题，但电梯厂均通过更换零部件、维修进行处理，并未停止生产和销售。

职工薛某被认定为工伤且被鉴定为六级伤残。关于其工伤保险待遇，下列选项正确的是（　　）。

A. 如商场未参加工伤保险，薛某可主张商场支付工伤保险待遇或者承担民事人身损害赔偿责任
B. 如商场未参加工伤保险也不支付工伤保险待遇，薛某可主张工伤保险基金先行支付
C. 如商场参加了工伤保险，主要由工伤保险基金支付工伤保险待遇，但按月领取的伤残津贴仍由商场支付
D. 如电梯厂已支付工伤医疗费，薛某仍有权获得工伤保险基金支付的工伤医疗费

11. 王某，女，1999年出生，于2024年2月1日入职某公司，从事后勤工作，双方口头约定每月工资为人民币3000元，试用期1个月。2024年6月30日，王某因无法胜任经常性的夜间高处作业而提出离职，经公司同意，双方办理了工资结算手续，并于同日解除了劳动关系。同年8月，王某以双方未签书面劳动合同为由，向当地劳动争议仲裁委申请仲裁，要求公司再支付工资12000元。

如当地月最低工资标准为1500元，关于该仲裁，下列说法正确的是（　　）。

A. 王某可直接向劳动争议仲裁委申请仲裁
B. 如王某对该仲裁裁决不服，可向法院起诉
C. 如公司对该仲裁裁决不服，可向法院起诉
D. 如公司有相关证据证明仲裁裁决程序违法时，可向有关法院申请撤销裁决

名词解释

1. 劳动争议
2. 利益争议
3. 劳动争议仲裁时效

简答题

1. 简述劳动争议的基本含义。
2. 简述权利争议与利益争议之间的区别。
3. 简述劳动争议处理请求权的具体内容。
4. 简述劳动争议的处理原则。
5. 劳动争议基层调解有何特点？
6. 相较于劳动争议基层调解，劳动争议仲裁有何特点？
7. 相较于劳动争议诉讼，劳动争议仲裁有何特点？
8. 简述我国劳动争议的处理方式及其关系。

论述题

试述劳动争议处理体制中的"三方机制"。

案例分析题

1. 某市机械厂发生下列纠纷：（1）工人田某因患病而被辞退，与厂方发生争议；（2）技术员孙某因社会保险费缴纳问题与厂方发生争议；（3）助理工程师陶某因未晋升工程师职务与厂方发生争议；（4）工程师李某因工资调整（违反劳动合同约定）与厂方发生争议。田某、孙某、陶某、李某四人与厂方的争议经几次协商交涉均未能解决。

   问题：（1）上述争议中，田某、孙某、陶某、李某四人中哪些人与厂方的争议属于《劳动争议调解仲裁法》中规定的劳动争议？为什么？

   （2）劳动争议可以通过哪几种方式解决？这些解决方式相互之间是什么关系？法律依据何在？

   （3）劳动争议的各种解决方式的法律效力如何？

2. 尹某是某轮胎厂职工。2023年8月在厂里办了停薪留职，为期2年。2024年3月该厂由于效益不佳，决定辞退部分员工。3月16日厂里张贴公告，要求公告上有名字的职工前来办理解除劳动合同的手续，尹某也在此之列。但他此时在广州打工，厂方也未通知其家人朋友，他无从得知这一消息。2024年9月28日，尹某回家探亲时才知自己已经被单位辞退。尹某认为厂方的做法不妥，要求厂方恢复劳动关系，遭到拒绝。2024年12月，尹某向当地劳动争议仲裁委员会申请仲裁，但仲裁委员会认为已过仲裁时效，决定不予受理。

   问题：仲裁委员会的决定是否正确？为什么？

3. 某国有企业设立了劳动争议调解委员会，由5名调解员组成，由该企业人事处副处长担任调解委员会主任。2024年2月5日，职工张某因工作表现不佳被企业扣发了部分工资，张某不服，与企业发生争执。企业提出必须先在本企业设立的劳动争议调解委员会先行调解。张某不同意调解，劳动争议仲裁委员会在企业提交申请后宣布维持企业的处理决定。而张某在争议发生后一个月内直接向人民法院提起诉讼。

问题：(1) 该企业劳动争议调解委员会的组成是否合法？为什么？
(2) 该企业劳动争议调解委员会的做法是否合法？为什么？
(3) 人民法院是否应该受理张某的起诉？为什么？

第十七章 劳动监察

基础知识图解

劳动监察的概念及基本属性
- 概念：劳动监察是指法定专门机关代表国家对劳动法的遵守情况依法进行的检查、纠举、处罚等一系列监督活动
- 基本属性
  - 法定性
  - 行政性
  - 专门性
  - 唯一性

劳动监察与劳动仲裁的区别

劳动监察相对人的范围界定

重点知识讲解

重点知识：劳动监察

1. 劳动监察的概念及基本属性。劳动监察是劳动保障行政部门依法对用人单位遵守劳动法的情况进行检查、监督，并对违法行为予以处罚的执法活动的总称。劳动监察是保障劳动法实施的重要手段，通过劳动监察可以维护劳动法的权威，以公权力介入的方式保障劳动者的权益。

劳动监察具有以下基本属性：（1）法定性。劳动监察规则为法律所规定，并且这种法律规定是强行性规范，监察主体严格依据法律实施监察活动，被监察主体不得以协议或其他方式逃避监察。（2）行政性。劳动监察属于行政执法和行政监督范畴，是行使行政权力的具体行政行为。（3）专门性。劳动监察是由法定的专门机构和人员针对劳动法的遵守所实施的专门监督。（4）唯一性。在劳动法监督体系中，唯有劳动监察是以国家名义对劳动法的遵守实行统一和全面监督。

2. 劳动监察与劳动仲裁的区别。（1）劳动仲裁机构由劳动行政部门、工会和用人单位团体三方代表组成；劳动监察机构则是劳动行政部门的职能机构。

（2）劳动仲裁是一种社会干预行为；劳动监察直接以查处、纠正监察相对人违反劳动法行为，督促监察相对人遵守劳动法为目的。

（3）劳动仲裁机构应劳动争议当事人的请求而实施仲裁；劳动监察主体对其职权范围内的事项则应主动进行监察。

（4）劳动仲裁所依据的实体法既可以是强行性规范，也可以是任意性规范，并且还能够依据合法有效的合同条款、企业内部劳动规则进行调解和裁决；劳动监察所依据的实体法应只限于强行性规范，不得以合同条款和企业内部劳动规则作为监察决定的依据。

（5）劳动仲裁机构无权对劳动争议当事人进行处罚，但对劳动争议有调解权；劳动监察主体对违反劳动法的监察相对人则有一定的处罚权，但对被监察事项无调解权。

（6）劳动争议当事人不服仲裁裁决，可依法提出民事诉讼；监察相对人不服监察决定，则可

依法申请行政复议或提起行政诉讼。

3. 劳动监察相对人的范围界定。在劳动关系当事人双方中，只有用人单位方才是监察相对人。但这并不意味着劳动者遵守劳动法的情况不受监督，更不意味着劳动者违反劳动法而不受处罚，也并不排除在用人单位中担任一定管理职务的劳动者仍应列为监察相对人。此外，还有必要把某些劳动服务主体也列为监察相对人。

配套测试

单项选择题

1. 在我国，有权实施劳动监察的机构是（　　）。
A. 公安机关　　　　　　　　　　　　B. 工会
C. 用人单位上级主管机关　　　　　　D. 劳动保障行政部门

2. 根据《劳动法》的规定，劳动监察相对人为（　　）。
A. 劳动者　　　　　　　　　　　　　B. 工会
C. 用人单位　　　　　　　　　　　　D. 劳动保障行政部门

3. 某公司在申报应缴纳的社会保险费时，瞒报了工资总额 10 万元。对此，劳动保障行政部门除责令改正外，还可并处（　　）的罚款。
A. 10 万元以上 30 万元以下　　　　　B. 5 万元以上 10 万元以下
C. 10 万元以上 20 万元以下　　　　　D. 20 万元以上 30 万元以下

4. 某职业技能鉴定机构违反国家规定，劳动保障行政部门除责令改正、没收违法所得外，并处（　　）的罚款。
A. 1 万元以上 3 万元以下　　　　　　B. 5 万元以上 10 万元以下
C. 1 万元以上 5 万元以下　　　　　　D. 1 万元以上 10 万元以下

多项选择题

1. 下列关于劳动监察相对人的表述错误的是（　　）。
A. 工会在劳动监察相对人范围之内
B. 劳动监察相对人为用人单位与劳动者
C. 担任一定管理职务的劳动者也不列入劳动监察相对人范围之内
D. 职业介绍机构应列入劳动监察相对人范围内

2. 劳动保障监察应遵循的原则包括（　　）。
A. 公开　　　　　　　　　　　　　　B. 便民
C. 高效　　　　　　　　　　　　　　D. 教育与处罚相结合

3. 劳动保障监察的事项包括（　　）。
A. 用人单位制定内部劳动保障规章制度的情况
B. 用人单位遵守女职工和未成年工特殊劳动保护规定的情况
C. 用人单位领导人的管理能力
D. 职业介绍机构遵守国家有关职业介绍规定的情况

4. 劳动监察机构享有的职权包括（　　）。
A. 检查权　　　　　　　　　　　　　B. 吊销营业执照权
C. 责令纠正权　　　　　　　　　　　D. 吊销许可证权

名词解释

1. 劳动监察
2. 劳动监察员
3. 劳动监察客体
4. 劳动监察权

简答题

1. 简述劳动监察的基本属性。
2. 简述劳动监察与劳动仲裁的区别。

论述题

试述劳动监察相对人范围的界定。

综合测试题一

☑ 单项选择题（共10题，每题1分，共10分）

1. 我国法律明确禁止的健康歧视，除了残疾歧视，还包括（　　）。
A. 传染病病原携带歧视　　　　　　　　B. 传染病歧视
C. 行为障碍歧视　　　　　　　　　　　D. 视听障碍歧视

2. 下面关于我国劳动合同形式的说法中，正确的是（　　）。
A. 建立劳动关系，由用人单位与劳动者协商选择书面或口头合同的形式
B. 已建立劳动关系，未同时订立书面劳动合同的，应在双方协商的期限内订立书面劳动合同
C. 已建立劳动关系，未同时订立书面劳动合同的，应当自用工之日起2个月内订立书面劳动合同
D. 已建立劳动关系，但用人单位未在法定期限内与劳动者订立书面劳动合同的，应向劳动者每月支付2倍的工资

3. 根据我国有关法律规定，下列各项支出不属于劳动者工资范围的是（　　）。
A. 计时工资　　　B. 计件工资　　　C. 加班工资　　　D. 职工福利费用

4. 根据《国务院关于职工探亲待遇的规定》的规定，已婚职工探望父母（　　）。
A. 每4年给假一次　　B. 每3年给假一次　　C. 每2年给假一次　　D. 每1年给假一次

5. 根据《劳动法》的规定，用人单位不得安排女职工在（　　）期间从事国家规定的第三级体力劳动强度的劳动。
A. 哺乳未满6个月　　　　　　　　　　B. 哺乳未满12个月
C. 哺乳未满18个月　　　　　　　　　　D. 哺乳未满24个月

6. 根据《劳动法》及《劳动保障监察条例》的规定，劳动保障行政部门实施（　　）。
A. 劳动保障检查活动　　　　　　　　　B. 劳动保障督查活动
C. 劳动保障监察活动　　　　　　　　　D. 劳动保障检察活动

7. 以下各种当事人起诉的情形中，人民法院应当按劳动关系处理的是（　　）。
A. 用人单位与其招用的领取退休金的人员发生用工争议向人民法院提起诉讼的
B. 用人单位与劳动者因除名、辞退和辞职、离职发生争议向人民法院提起诉讼的
C. 企业停薪留职人员与新的用人单位发生用工争议依法向人民法院提起诉讼的
D. 未达到法定退休年龄的内退人员与新的用人单位发生用工争议依法向人民法院提起诉讼的

8. 社会救助法属于（　　）。
A. 社会法的体系　　B. 劳动法的体系　　C. 经济法的体系　　D. 民法的体系

9. 职工福利的提供者是（　　）。
A. 国家　　　　　　B. 企业工会　　　　C. 用人单位　　　　D. 劳动者

10. 劳动保障行政部门对违反劳动保障法律、法规或者规章的行为的调查，一般情形下应当自立案之日起（　　）个工作日内完成。
A. 30　　　　　　　B. 60　　　　　　　C. 15　　　　　　　D. 45

多项选择题（共5题，每题4分，共20分）

1. 下列行为不能引起劳动法律关系产生的是（   ）。
A. 劳动合同期满前，甲与某旅馆协议延期
B. 乙根据某公司签订的劳动合同上岗就业
C. 因身体原因丙与所在单位协议改变岗位
D. 某个体工商户雇佣童工丁

2. 某企业与职工解除劳动关系时，在经济补偿方面的下列哪些做法不符合《劳动法》的规定？（   ）
A. 李某尚未达到退休年龄，但决定办理提前退休手续，企业告知李某，这种情况只支付养老金而不支付经济补偿金
B. 张某的试用期刚过一半，企业发现他不符合录用条件，因此决定在解除劳动合同时支付试用期的全部工资，但不支付经济补偿金
C. 赵某因为患病被解除劳动合同，企业发放经济补偿金，同时发给不低于6个月工资的医疗补助费并且在经济补偿金中作一定抵扣
D. 王某在劳动合同解除后，根据规定将领取失业救济金，企业决定从经济补偿金中作适当扣除

3. 根据《劳动法》有关规定，用人单位不得安排未成年工从事（   ）。
A. 锅炉司炉
B. 使用电锤的作业
C. 资源勘探的野外作业
D. 矿山井下作业

4. 下列关于失业保险的表述正确的是（   ）。
A. 失业保险金由社会保险经办机构按月发放
B. 城镇企业事业单位招用的农民合同制工人本人按规定缴纳失业保险费
C. 失业人员在领取失业保险金期间患病就医的，可以申领医疗补助金
D. 市级以上可以建立失业保险调剂金

5. 关于订立无固定期限劳动合同，下列选项正确的是（   ）。
A. 周某在某国有企业改制重新订立劳动合同时，连续工作满10年，距离法定退休年龄还有12年，主张企业有义务与自己订立无固定期限劳动合同
B. 吴某在某公司连续工作满10年，要求与该公司签订无固定期限劳动合同
C. 郑某在某企业应聘，提议在双方协商一致的基础上订立无固定期限劳动合同
D. 王某在与某公司连续订立的第二次固定期限劳动合同到期，公司提出续约时，要求与该公司订立无固定期限劳动合同

名词解释（共2题，每题5分，共10分）

1. 劳务派遣
2. 劳动争议

论述题（共1题，共30分）

请论述我国劳动法规定的劳动者基本权利。

案例分析题（共1题，共30分）

王强与展望银行签订了为期2年的劳动合同，担任其会计。期限为2022年7月1日至2024年6月30日，月工资15000元。2023年10月30日，展望银行向王强出具了一份解除劳动合同通知书，理由是王强违反了该银行《员工手册》中的"劳动合同期内不准结婚"的规定。王强不服，向劳动争议仲裁委员会申诉。

试分析：

（1）王强认为展望银行未提前30天通知解除劳动关系，应当额外支付一个月工资，该请求是否能得到仲裁委员会支持？为什么？

（2）银行解除与王强劳动合同的依据是否成立？为什么？

（3）仲裁委员会作出裁决后20天，展望银行不服裁决，并发现王强曾在裁决前5天给本案仲裁员侯某送过贵重礼品。展望银行该如何处理本案？

综合测试题二

☑ 单项选择题（共8题，每题1分，共8分）

1. 一般认为世界范围劳动法脱离民法成为独立法律部门的根源在于（　　）。
A. 工人运动的兴起　　　　　　　　　　B. 国家对雇佣关系的干预
C. 劳动关系双方矛盾发展的结果　　　　D. 法律社会化的产物

2.《劳动合同法》有关约定试用期次数的规定是（　　）。
A. 同一用人单位与同一劳动者可以不限次约定试用期
B. 同一用人单位与同一劳动者可以约定1至2次试用期
C. 同一用人单位与同一劳动者可以协商试用期次数
D. 同一用人单位与同一劳动者只能约定1次试用期

3. 个体劳动合同的劳动标准和劳动条件（　　）。
A. 不能低于集体合同的规定　　　　　　B. 可以低于集体合同的规定
C. 由劳动行政部门规定　　　　　　　　D. 由当事人自由约定

4. 因劳动者本人原因给用人单位造成经济损失的，用人单位可按照劳动合同的约定要求其赔偿经济损失。经济损失的赔偿，可从劳动者本人的工资中扣除，但每月扣除的部分不得超过劳动者当月工资的（　　）。
A. 10%　　　　　B. 20%　　　　　C. 40%　　　　　D. 50%

5. 根据《国务院关于职工工作时间的规定》，因工作性质和工作职责的限制，需要实行综合计算工时工作制的，职工平均每周工作时间不得超过（　　）。
A. 50小时　　　　B. 45小时　　　　C. 44小时　　　　D. 40小时

6. 特种作业人员必须接受安全技术培训，未经培训或培训考核不合格者（　　）。
A. 可以暂时上岗作业，待考核合格后予以转正
B. 可以上岗作业
C. 不得上岗作业
D. 经有关主管人员批准可以上岗作业

7. 不得安排哺乳未满（　　）婴儿的女职工延长工作时间和夜班劳动。
A. 6个月　　　　　B. 12个月　　　　C. 18个月　　　　D. 24个月

8. 双方当事人分别向劳动合同履行地和用人单位所在地的劳动争议仲裁委员会申请仲裁的，由（　　）。
A. 上级劳动行政主管部门指定的劳动争议仲裁委员会管辖
B. 劳动合同履行地的劳动争议仲裁委员会管辖
C. 用人单位所在地的劳动争议仲裁委员会管辖
D. 当事人协商选定的劳动争议仲裁委员会管辖

多项选择题（共5题，每题2分，共10分）

1. 下列哪些是劳动者倾斜保护理论在劳动立法上的体现（　　）。
A. 规定用人单位解除合同的限制条件
B. 偏重规定劳动者的权利和用人单位的义务
C. 规定基本劳动标准制度
D. 规定用工单位的用人自主权

2. 在某民营企业工作的小李，在向企业人事处递交辞职书后的第二日便不再来上班。该企业决定向劳动争议仲裁委员会申请仲裁。该企业有权要求小李赔偿下列哪些损失？（　　）
A. 小李单方辞职造成的间接经济损失3万元
B. 小李单方辞职造成的直接经济损失4万元
C. 企业曾委派小李去大学进修支付的学费2万元
D. 单位招录小李时向有关行政部门缴纳的300元行政管理费用

3. 在企业重整期间，下列哪些人员不得被裁？（　　）
A. 患职业病或因工负伤并被确认丧失或者部分丧失劳动能力的员工
B. 高级管理人员
C. 患病或者负伤，且尚在规定的医疗期内的员工
D. 工龄在十年以上的员工

4. 伟达工厂招聘孙某为工人，双方签订了劳动合同，一年后双方发生争议，下列选项哪些是错误的？（　　）
A. 因伟达工厂未按照聘用合同的约定给付孙某工资，孙某可以随时通知工厂解除劳动合同
B. 试用期内，孙某可以随时通知伟达工厂解除劳动合同
C. 伟达工厂没有按照合同约定提供住宿条件，孙某有权随时通知伟达工厂解除合同
D. 因伟达工厂强迫孙某在周末加班，孙某可以随时解除合同

5. 下列关于劳动争议解决方式的表述中，哪些是正确的？（　　）
A. 在劳动仲裁前必须先行调解
B. 当事人提起诉讼之前必须先行仲裁
C. 劳动争议仲裁的裁决是终局的
D. 调解规则适用于劳动仲裁和诉讼程序

名词解释（共2题，每题6分，共12分）

1. 劳动法律关系
2. 社会保险

简答题（共2题，每题15分，共30分）

1. 简述我国劳动法劳动关系的内涵。
2. 简述我国劳动争议的处理方式及其关系。

论述题（共2题，每题20分，共40分）

1. 试述集体合同的意义。
2. 试述社会保险法律调整的原则。

附录一：劳动与社会保障法学习所涉及的主要法律文件

1. 《中华人民共和国劳动争议调解仲裁法》（2007 年 12 月 29 日）①
2. 《中华人民共和国劳动合同法》（2012 年 12 月 28 日）
3. 《中华人民共和国就业促进法》（2015 年 4 月 24 日）
4. 《中华人民共和国劳动法》（2018 年 12 月 29 日）
5. 《中华人民共和国社会保险法》（2018 年 12 月 29 日）
6. 《中华人民共和国职业病防治法》（2018 年 12 月 29 日）
7. 《中华人民共和国安全生产法》（2021 年 6 月 10 日）
8. 《失业保险条例》（1999 年 1 月 22 日）
9. 《劳动保障监察条例》（2004 年 11 月 1 日）
10. 《中华人民共和国劳动合同法实施条例》（2008 年 9 月 18 日）
11. 《残疾人就业条例》（2007 年 2 月 25 日）
12. 《职工带薪年休假条例》（2007 年 12 月 14 日）
13. 《工伤保险条例》（2010 年 12 月 20 日）
14. 《事业单位人事管理条例》（2014 年 4 月 25 日）
15. 《全国年节及纪念日放假办法》（2024 年 11 月 10 日）
16. 《工资支付暂行规定》（1994 年 12 月 6 日）
17. 《违反〈劳动法〉有关劳动合同规定的赔偿办法》（1995 年 5 月 10 日）
18. 《关于贯彻执行〈中华人民共和国劳动法〉若干问题的意见》（1995 年 8 月 4 日）
19. 《企业劳动争议协商调解规定》（2011 年 11 月 30 日）
20. 《最低工资规定》（2004 年 1 月 20 日）
21. 《集体合同规定》（2004 年 1 月 20 日）
22. 《工伤认定办法》（2010 年 12 月 31 日）
23. 《劳务派遣暂行规定》（2014 年 1 月 24 日）
24. 《人力资源社会保障部关于实施〈劳动保障监察条例〉若干规定》（2022 年 1 月 7 日）
25. 《关于职工全年月平均工作时间和工资折算问题的通知》（2025 年 1 月 1 日）
26. 《最高人民法院关于审理拒不支付劳动报酬刑事案件适用法律若干问题的解释》（2013 年 1 月 16 日）
27. 《最高人民法院关于人事争议申请仲裁的时效期间如何计算的批复》（2013 年 9 月 12 日）
28. 《最高人民法院关于审理劳动争议案件适用法律问题的解释（一）》（2020 年 12 月 29 日）
29. 《最高人民法院关于审理劳动争议案件适用法律问题的解释（二）》（2025 年 7 月 31 日）
30. 《全国人民代表大会常务委员会关于实施渐进式延迟法定退休年龄的决定》（2024 年 9 月 13 日）

---

① 本附录法律文件的日期为公布时间或最后一次修订、修正日期。

附录二：参考文献及推荐书目

1. 《劳动与社会保障法学》编写组：《劳动与社会保障法学》（第二版），高等教育出版社2018年版。
2. 齐斌主编：《劳动与社会保障法案例百选》，高等教育出版社2021年版。
3. 林嘉主编：《劳动法和社会保障法》（第五版），中国人民大学出版社2023年版。
4. 王全兴：《劳动法》（第四版），法律出版社2017年版。
5. 谢增毅：《劳动法的改革与完善》，社会科学文献出版社2015年版。
6. 常凯主编：《劳动法》，高等教育出版社2011年版。
7. 郑尚元主编：《社会保障法》，高等教育出版社2019年版。
8. 黎建飞：《劳动法与社会保障法：原理、材料与案例》（第三版），北京大学出版社2025年版。
9. 林嘉：《劳动法的原理、体系与问题》，法律出版社2016年版。
10. 叶静漪主编：《和谐劳动关系法律建构若干重大问题研究》，北京大学出版社2018年版。
11. 田思路主编：《外国劳动法学》，北京大学出版社2019年版。
12. 王全兴：《经济法基础理论专题研究》，中国检察出版社2002年版。
13. 赵红梅：《私法与社会法：第三法域之社会法基本理论范式》，中国政法大学出版社2009年版。
14. 董保华：《社会法原论》，中国政法大学出版社2001年版。
15. 谢增毅：《数字化对劳动法的挑战与应对》，中国社会科学出版社2025年版。
16. 阎天：《如山如何：中国劳动宪法》，北京大学出版社2022年版。
17. 刘小楠主编：《反歧视法讲义：文本与案例》，中国政法大学出版社2021年版。
18. 李薇薇：《反歧视法原理》，法律出版社2012年版。
19. 信春鹰主编：《中华人民共和国劳动合同法释义》，法律出版社2013年版。
20. 沈建峰：《劳动法的教义学建构研究》，法律出版社2024年版。
21. 王天玉主编：《新就业形态从业人员劳动权益保障典型案例研究》，人民法院出版社2023年版。
22. 常凯：《劳权论：当代中国劳动关系的法律调整研究》，中国劳动社会保障出版社2004年版。
23. 吴文芳：《雇主组织法论：以协调劳动关系的法律保障为中心》，中国人民大学出版社2020年版。
24. 林嘉主编：《劳动基准法研究》，法律出版社2023年版。
25. 肖竹、沈建峰：《基本劳动标准立法研究》，中国人事出版社2024年版。
26. 林嘉：《社会保障法的理念、实践与创新》，中国人民大学出版社2002年版。
27. 娄宇：《社会保障法请求权体系之架构》，中国政法大学出版社2017年版。
28. 信春鹰主编：《中华人民共和国社会保险法释义》，法律出版社2013年版。
29. 郑尚元、扈春海：《社会保险法总论》，清华大学出版社2018年版。
30. 信春鹰主编：《中华人民共和国劳动争议调解仲裁法释义》，法律出版社2008年版。

31. 北京市律师协会劳动和社会保障法专业委员会编著，王建平、姜俊禄主编：《中华人民共和国劳动争议调解仲裁法释义》，中国法制出版社 2008 年版。

32. 教学法规中心编：《劳动法与社会保障法【学生常用法规掌中宝 2021—2022】》，中国法制出版社 2021 年版。

33. 国家法官学院，最高人民法院司法案例研究院编：《中国法院 2025 年度案例·劳动纠纷（含社会保险纠纷）》，中国法治出版社 2025 年版。

34. 法规应用研究中心编：《劳动法一本通》，中国法治出版社 2025 年版。

35. 法规应用研究中心编：《劳动合同法一本通》，中国法治出版社 2025 年版。

36. 法规应用研究中心编：《劳动争议调解仲裁法一本通》，中国法治出版社 2025 年版。